Hermann Lueer

Warum hungern Menschen in einer reichen Welt?

Argumente gegen die Marktwirtschaft

Hermann Lueer,
Warum hungern Menschen in einer reichen Welt?
Argumente gegen die Marktwirtschaft
Kapitalismuskritik und die Frage nach der der Alternative
Band 1
© 2020 Hermann Lueer
Red & Black Books
Bordesholmerstraße 22
22143 Hamburg
herluee@yahoo.com
Umschlag: Niki Bong
Graffiti am Bahnhof Winterthur
Foto von Skyla80 www.photocase.com
Illustrationen: Niki Bong
mail@bongolai.de
ISBN: 978-3-9822065-1-6

»Tag für Tag sterben auf unserem Planeten ungefähr 100.000 Menschen an Hunger oder an den unmittelbaren Folgen des Hungers. Jahr für Jahr bringen Hunderte von Millionen schwer unterernährter Mütter Hunderte von Millionen unheilbar geschädigter Säuglinge zur Welt. Unzulänglich ernährt, haben ihre Gehirnzellen bereits irreparable Schäden davongetragen. Die Zerstörung von Millionen Menschen durch Hunger vollzieht sich täglich in einer Art von eisiger Normalität – und auf einem Planeten, der von Reichtümern überquillt. «

Jean Ziegler

Kapitel 3
Warum entwickeln sich »Entwicklungs-
länder« nicht? 146

Kapitel 4
Der unerschütterliche Glaube an die
Marktwirtschaft 162

Vorwort

»Der Reichtum der Gesellschaften, in welchen kapitalistische Produktionsweise herrscht, erscheint als eine ungeheure Warensammlung.«[1]

In der globalisierten Marktwirtschaft des 21. Jahrhunderts gibt es alles:

- o Die berühmten Agrarüberschüsse: Milchseen, Fleischberge und sogar Fördermittel, um Ackerland in Brachland umzuwandeln.

- o Die Wunder der Technik: Von der fortgeschrittenen Medizintechnik über die weltweite Kommunikation im Internet bis hin zur Raumfahrt ist heute fast alles machbar.

- o Die grenzenlosen Konsummöglichkeiten: Alle Verrücktheiten können befriedigt werden, millionenschwere Motorjachten, der edle Diamant an der Sandale bis hin zum Picasso-Gemälde für 100 Mio. $.

---

[1] Karl Marx, Das Kapital. Kritik der politischen Ökonomie, Bd.1, S.49, Dietz Verlag 1971

... aber für viele nichts:

»Die Vereinten Nationen schätzen, dass im Jahr 2017 weltweit rund 821 Millionen von insgesamt 7,5 Milliarden Menschen hungern.«[2] Von Unterernährung im Sinne eines Mangels an Nährstoffen, die u.a. zu einer erhöhten Sterblichkeit von Kindern und Müttern, einem geschwächten Immunsystem, körperlicher Behinderungen und Einschränkungen in der kognitiven Entwicklung führen können, sind darüber hinaus weltweit über zwei Milliarden Menschen betroffen.[3]

Es muss Gründe geben, warum jede Verrücktheit, für die es zahlungsfähige Kunden gibt, wichtiger ist als das elementarste Bedürfnis. Welthunger, kein Zugang zu sauberem Wasser, bittere Armut und elende Arbeitsbedingungen sind im 21. Jahrhundert keine Naturgegebenheit, sondern neben den vorhandenen Reichtümern eine Begleiterscheinung der globalen Marktwirtschaft. Warum ist das so? Wo doch die Marktwirtschaft als das beste aller Wirtschaftssysteme gilt, in dem die »unsichtbare Hand« des Marktes über den Preismechanismus für den Ausgleich von Angebot

---

[2] https://www.welthungerhilfe.de/fileadmin/pictures/publications/de/fact_sheets/topics/2018-hunger-factsheet-welthungerhilfe.pdf
[3] https://www.welthungerhilfe.de/fileadmin/pictures/publications/de/fact_sheets/topics/2018-hunger-factsheet-welthungerhilfe.pdf

und Nachfrage und damit für die höchstmögliche Effizienz und beste Versorgung mit Gütern und Diensten sorgt. Oder ist der Warenhandel entgegen dem Lob der Anhänger der Marktwirtschaft gar nicht nützlich und zum Wohle aller?

Kapitel 1
Warum regiert das Geld die Welt?

»Arbeit ist keine Ware« so lautet das Prinzip, das in der Präambel der Gründungsdokumente der Internationalen Arbeitsorganisation zum Ausdruck kommt. Menschen sollen nicht wie unbelebte Waren, als ein bloßer Produktionsfaktor behandelt werden. Stattdessen sollen Menschen, die für ihren Lebensunterhalt arbeiten, wie Menschen behandelt werden und ihnen Würde und Respekt entgegengebracht werden.[4]

Dass der Mensch keine Ware sein soll, unterschreibt noch jeder. Eine gewisse Ahnung davon, dass Waren fragwürdige Dinge sind, ist auch Aussagen wie »Bildung soll keine Ware sein« oder »Gesundheit soll keine Ware sein« zu entnehmen. Es ist also durchaus bekannt, dass Waren etwas Unangenehmes an sich haben. Trotzdem soll die Marktwirtschaft keineswegs grundsätzlich in Frage gestellt werden. So möchte man diejenigen, die das Gesundheitswesen von der Warenform ausnehmen wollen, fragen: Was soll denn dann überhaupt Ware sein? Warum soll dann Wasser eine Ware sein oder Lebensmittel oder Wohnungen?

---

[4] https://en.wikipedia.org/wiki/Labour_is_not_a_commodity

Vielleicht ist es ja hilfreich, sich einmal zu erklären, was eigentlich das Unangenehme und Brutale daran ist, dass alles, was man zum Leben braucht, in der Marktwirtschaft einen Preis hat, also nur als Ware zu haben ist.

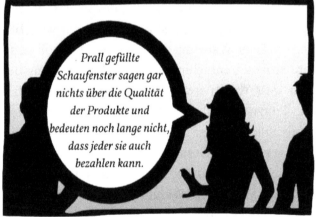

Der Doppelcharakter der Waren

Wenn in einer Gesellschaft Gebrauchsgegenstände produziert werden, sollte man meinen, es ginge darum, sie qualitativ hochwertig und in genügender Anzahl herzustellen, um sie der Bevölkerung zur Verfügung zu stellen. Wissenschaftliche Erkenntnisse würden hierbei gezielt genutzt, um Rohstoffe und Produktionsverfahren dahingehend zu überprüfen, dass keine gesundheitsschädlichen Dinge hergestellt werden. Die Arbeitsbedingungen wären selbstverständlich ebenso wesentlicher Bestandteil der Beurteilung, ob und wie etwas produziert wird. Ebenso der Einfluss auf die Umwelt. Mit anderen Worten: Der Zweck der Produktion wäre die Bedürfnisbefriedigung.

Sobald Gebrauchsgegenstände als Waren hergestellt werden, ändert sich der Zweck der Produktion. Ausgangspunkt der Warenproduktion ist das Privateigentum an Produktionsmitteln und der damit produzierten Waren. Warenproduktion beinhaltet somit zunächst den Ausschluss der anderen vom Gebrauch der produzierten Gegenstände. Als Warenproduzenten verfolgen die Individuen keinen gemeinschaftlichen Zweck, sondern konkurrieren gegeneinander auf dem Markt. Es geht bei der Warenproduktion nicht darum, nützliche Dinge unter verträglichen Arbeit- und Umweltbedingungen herzustellen und planmäßig zu verteilen. Waren müssen verkauft werden, um über das damit eingenommene Geld selbst Waren kaufen können. Der gesellschaftliche Nutzen der Produkte wird nicht bereits in der Produktionsplanung im Hinblick auf die Bedürfnisse der Gesellschaftsmitglieder gemeinschaftlich festgelegt, sondern erweist sich erst durch ihren Verkauf auf dem Markt. Als Waren bekommen die Produkte der Arbeit damit einen Doppelcharakter. Sie haben einerseits eine nützliche Eigenschaft. Sie haben andererseits einen Wert, der als Preisschild an ihnen hängt. In der Warenproduktion sind die Gebrauchsgegenstände nur Mittel zum Zweck, Geld zu verdienen. Der Zweck ihrer Produktion ist der Tauschwert, das Geld. Das merkt man daran, dass die Produzenten und Handelsgesellschaften die verschiedensten Sorten gleichartiger Gebrauchsgegenstände anbieten: qualitativ hochwertige und minderwertige, gesunde und ungesunde. Wäre der Zweck die Bedürfnisbefriedigung, würde niemand auf so einen Unsinn kommen. In der warenproduzierenden Gesellschaft sind die Produkte aber lediglich Mittel, um den kalkulierten Preis in Geld zu verwandeln, und das hat weitreichende Folgen für den Gebrauchsgegenstand. Als Mittel für den Verkauf wird haarscharf kalkuliert, woran man sparen kann. Die Qualität der Produkte lässt sich verkaufsgerecht modifizieren. Die Menge des Geldes, über die jemand aus welchem Grund auch immer verfügt, bestimmt die »Freiheit der Wahl«. Die Auswahl und der Konsum von Produkten regeln sich dann aber nicht nach dem zu befriedigenden Bedürfnis, sondern werden abhängig von der Menge des Geldes, das jemand hat. So feinsinnig der Unterschied klingt, so unangenehm und brutal sind die Folgen!

Was an »nützlichen« Dingen hergestellt wird, *ob überhaupt* und *für wen* produziert wird, entscheidet das Kriterium der Verkaufbarkeit auf dem Markt.

Medizin – Forschung für lohnende Medikamente

»Ärzte Ohne Grenzen« fordern im Rahmen ihrer Medikamentenkampagne die Entwicklung neuer Behandlungsmethoden für vernachlässigte Krankheiten in ärmeren Ländern. Jährlich sterben Millionen Menschen an behandelbaren Infektionskrankheiten. Längst im Griff geglaubte Seuchen wie Tuberkulose, Malaria oder Schlafkrankheit breiten sich wieder aus, und viele Krankheitserreger sind inzwischen gegenüber herkömmlichen Medikamenten resistent geworden, so dass Neuentwicklungen dringend erforderlich wären. Angesichts der rasanten medizintechnischen Entwicklung im 21. Jahrhundert ein durchaus erklärenswertes Phänomen.

Sollte die Pharmaindustrie sich im Rahmen ihrer Forschung und Entwicklung nicht um nützliche und dringend erforderliche Medizin kümmern? Die Wirklichkeit sieht bekanntlich anders aus als das Ideal. »Ein Grund dafür, dass Menschen an Krankheiten wie AIDS, Tuberkulose, Schlafkrankheit und anderen tropischen Krankheiten sterben, ist, dass lebensrettende Medikamente zu teuer sind oder schlicht nicht zur Verfügung stehen, weil sie als nicht profitabel gelten und keine neue Forschung und Entwicklung zu wichtigen tropischen Krankheiten besteht.«[5] Als Ware werden Medikament und Medizin nicht erforscht und hergestellt, um sie an Bedürftige zu verteilen. Das wäre im Hinblick auf den Zweck, Geld zu verdienen, Verschwendung von Ressourcen. Darum unterbleibt schon die Forschung für Medizin und Medikamente, für die absehbar keine Zahlungsfähigkeit vorhanden ist. Da können noch so viele Appelle an die Pharmaindustrie, die Regierung oder die Weltgesundheitsorganisation gerichtet werden. Ändern wird sich nichts, solange die marktwirtschaftliche Konkurrenz die Sachnotwendigkeiten vorgibt, an denen sich das Ideal regelmäßig blamiert.

---

[5] Dr. James Orbinski, zitiert nach: https://www.aerzte-ohnegrenzen.de/ueber-die-medikamentenkampagne, November 2014

Lebensmittel – Gesundheit und Qualität?

Gesunder Brotaufstrich für die ganze Familie, mit wertvollen Vitaminen, schonende Verarbeitung, Premiumprodukt aus erlesenen Rohstoffen, aus kontrolliertem Anbau. Stimmt das? Natürlich hat jeder Grund zu zweifeln. Solange nicht das Gegenteil nachgewiesen wird, sind die verkaufsfördernden Marketingversprechen in den Glanzbroschüren billig zu haben. Bei der Produktion ist in der Marktwirtschaft der Gesichtspunkt der Kosteneffizienz demgegenüber entscheidend. Wenn Lebensmittel produziert werden, um verkauft zu werden, dann bleibt das nicht ohne Folgen für die Qualität der Lebensmittel. Wer kennt nicht die schönen Zutaten: vom Geschmacksverstärker über diverse synthetische Farbstoffe, Weichmacher, Konservierungsmittel, Stabilisatoren bis hin zu gentechnischen Veränderungen. Der Zweck ist nicht der Geschmack, der Vitamin- oder Nährstoffgehalt, sondern das beste Verhältnis von Kosten zu Ertrag. Schnelles Wachstum, gute Transporttauglichkeit und ein verkaufstaugliches ansprechendes Aussehen sind in der Geschäftskalkulation der Warenproduzenten immer wichtiger als Geschmack und Gesundheit. Allergien oder Krebs werden schließlich erst geschäftsschädigend, wenn sich die Produkte nicht mehr verkaufen lassen. Der gesundheitsschädliche Umgang mit Lebensmitteln ist daher so alt wie die Ware selbst. Die regelmäßig auftauchenden Lebensmittelskandale sind hierbei lediglich die notwendige Spitze des Eisberges.

Die staatlichen Lebensmittelgesetze und Grenzwerte zeigen, dass auch der Gesetzgeber fest damit rechnet, dass die Warenproduzenten, die in Konkurrenz zueinander verkaufen müssen, auf allerlei gesundheitsschädliche Ideen kommen, um ihre Waren billiger oder vermeintlich attraktiver zu machen. Die für notwendig befundenen staatlichen Grenzwerte und Kontrollen verändern daran grundsätzlich nichts, weil sie den Grund für die verkaufsfördernden Aktivitäten nicht kritisieren, sondern allein den notwendigen Schaden in Grenzen halten wollen. Es dürfen lediglich die Lebensgrundlagen der Gesellschaft nicht zerstört werden. Bis an deren Grenzen ist im Dienst der Wettbewerbsfähigkeit in der Konkurrenz der Nationen um die Reichtümer der Welt dagegen vieles erlaubt. Das Kriterium für die Höhe der festgelegten Grenzwerte ist daher auch nicht die Qualität der Lebensmittel. Wenn man die Qualität sicherstellen wollte, müsste man die Versorgung der Bevölkerung zum Zweck der Produktion machen und die Warenproduktion, die die Produkte zum bloßen Mittel degradiert, abschaffen. Behält man bei, dass es alle Produkte nur als Waren gibt, hat man genau diese Sorte Lebensmittel auf dem Teller. Auch ein friedlich und idyllisch anmutender Ökomarkt funktioniert nach der gleichen Gesetzmäßigkeit der Marktwirtschaft. Da mag der einzelne Produzent noch so viele Ideale bezogen auf seine Produkte pflegen. Als Warenproduzent steht er mit seiner Privatarbeit in Konkurrenz zu seinen Wettbewerbern. Deren Erfolg beim Verkauf ist sein Misserfolg und umgekehrt. Der Zweck ist auch hier das Geld. Inwieweit dieser sich realisieren lässt – oder ob man seine Ideale etwas modifizieren muss – entscheidet der Markt.

Der Zweck der Warenproduktion, gibt aber nicht nur das Kriterium vor, *was* produziert wird, er bestimmt auch, *ob überhaupt* produziert wird. Über den Zweck der Tauschwertproduktion ergibt sich dann sogar das spezifisch marktwirtschaftliche Phänomen, dass zu viel produziert wurde.

Überproduktion – »Äpfel so billig wie nie zuvor. 1000 Obstbauern bangen um ihre Existenz.«

Offensichtlich war die Ernte gut. Es gibt genug Äpfel. Aber darum geht es ja bei der Warenproduktion nicht. Der Zweck der Warenproduktion ist der Tauschwert und dieser sinkt, wenn alle eine gute Ernte hatten. Der eine oder andere Obstbauer ist ruiniert, gibt seinen Hof auf, lässt die Apfelbäume verwildern oder fällen. Verrückt ist das nicht. Es ist die notwendige Konsequenz, wenn Äpfel nicht planmäßig bezogen auf die Bedürfnisse der Gesellschaftsmitglieder, sondern effizient als Waren produziert werden.

Wirtschaftskrise – keine Naturkatastrophe, sondern zu viel Produktion

In der Wirtschaftskrise werden vollständig funktionsfähige Produktionsanlagen geschlossen. Menschen werden arbeitslos, d.h., sie dürfen nicht mehr arbeiten. Die Verarmung und damit der Ausschluss vom Reichtum steigt und alles ohne wirkliche Not – keine Überschwemmung, kein Erdbeben, kein Feuer. Gemessen an der vorhandenen Zahlungsfähigkeit ist einfach zu viel produziert worden. Die Versorgung mit allen möglichen nützlichen Dingen könnte genauso weiter stattfinden, wenn die planmäßige Herstellung und Verteilung von Gebrauchsgegenständen der Zweck und nicht nur Mittel der Produktion wäre. Ist sie aber nicht. Da Warenproduktion über den Zweck gesteuert wird, Geld zu verdienen, ist es in der Tat nur konsequent, Produktionsstätten zu schließen und Maschinen zu verschrotten, wenn nicht genug Zahlungsfähigkeit vorhanden ist. Es geht schließlich nicht um Versorgung!

Neben der Überlegung, *was* bzw. *ob überhaupt* produziert wird, stellt sich vom Zweck der Warenproduktion noch die Frage, *für wen* produziert wird. Bei der Warenproduktion wird zwischen Bedürfnissen und zahlungsfähigen Bedürfnissen unterschieden. Wer nicht bezahlen kann, hat auch keine Bedürfnisse, zu-

mindest sind sie vom Standpunkt des Warenproduzenten nichts wert. Mit anderen Worten: Es zählt nur
das zahlungsfähige Bedürfnis.

Agrarüberschüsse und Hunger

Agrarüberschüsse gelten als Problem der Marktwirtschaft, ob es sich nun um Milchseen, Fleischberge
oder einfach zu viel Getreide handelt. Allein in Europa
werden jährlich Millionenbeträge für Lagerung und
Vernichtung »überflüssiger« Lebensmittel ausgegeben.
Zudem gibt es Subventionen in Millionenhöhe, um
zusätzliche Produktion, die problemlos möglich wäre,
zu verhindern (Milchquoten, Brachlandförderung).
Welthunger gilt daneben auch als »Problem«. Aber
zwei Milliarden unterernährten Menschen mit den
»überflüssigen« Agrarüberschüssen bzw. der leicht
möglichen Steigerung der Lebensmittelproduktion zu
helfen, ist marktwirtschaftlich unmöglich. Solange der
Zweck, Geld zu verdienen, die Wirtschaftsordnung
bestimmt, ist das Resultat, dass nur das zahlungsfähige
Bedürfnis zählt, unausweichlich. Man kann es in jeder
Zeitung neben den betroffenen Berichten über den
Welthunger lesen. Es geht beim besten Willen nicht,
Lebensmittel allen Bedürftigen zur Verfügung zu stellen, ist nicht sinnvoll, weil es lediglich die lokalen Le-
bensmittelmärkte zerstören und damit die Situation
nur noch verschlechtern würde. Wenn Lebensmittel

verteilt werden, kauft sie keiner mehr, und wenn keiner sie kauft, entfällt der Grund für die Warenproduzenten zu produzieren. Was übrigens keine faule Ausrede ist, sondern die bittere Wahrheit über die Marktwirtschaft. Man kann den Hungernden nicht helfen, wenn man die Marktwirtschaft erhalten will, und die Marktwirtschaft erhalten, wollen offensichtlich alle. So einfach können Lebensmittelüberschüsse und Welthunger nebeneinander existieren. Da helfen auch keine wohlgemeinten Benefizkonzerte für die Hungernden und der allgemein verbreitete Konsens, dass geholfen werden müsste. Hilfe zur Selbsthilfe bleibt das einzige zynische Angebot, das marktwirtschaftlich verträglich ist. Hilfe zur Selbsthilfe als Verpflichtung, in der Konkurrenz der Warenproduzenten erneut sein Glück zu versuchen, obwohl diese Konkurrenz gerade der Ausgangspunkt für die eigene Notlage war.

Pharmazeutischer Patentschutz – kein Zugang zu Medikamenten in den ärmeren Ländern

»Zahlreiche lebensnotwendige Medikamente sind aufgrund des geltenden Patentrechtes (TRIPS) für die Bevölkerung der ärmeren Länder unbezahlbar.«[6] Patentschutz ist das Unsinnigste, was man sich vorstellen

---

[6] https://www.aerzte-ohne-grenzen.de/medikamentenkampagne, Sep. 2006

kann. Da wird Wissen zur Ware. Statt Erkenntnisse auszutauschen und zur Herstellung nützlicher Dinge anzuwenden, ist Ausschluss vom Wissen gesetzliches Gebot. Für den Warenproduzenten ist Patentschutz dagegen absolut erforderlich. Wer will sich schon durch erschwingliche Generika den Markt abgraben lassen. Das vom Standpunkt des Warenproduzenten absolut richtige Argument lautet: Wenn ich die verauslagten Investitionskosten für Forschung und Entwicklung nicht durch Exklusivität wieder einspielen kann (und sei es auf Kosten von Millionen von Menschen), dann muss ich die Entwicklung einstellen und es gibt überhaupt keine Medikamente mehr. Da es dem Warenproduzenten nicht um die Versorgung mit notwendigen Medikamenten und medizinischer Ausrüstung geht, sondern um den Tauschwert, das Geld, sind medizinischer Fortschritt und unzureichende medizinische Versorgung marktwirtschaftlich kein Widerspruch.

Die Beispiele, die zeigen, dass es in der Marktwirtschaft nicht um die Versorgung der Bevölkerung geht, ließen sich vielfältig fortsetzen:

- Wohnungsleerstand und Obdachlosigkeit
- Überkapazitäten und »Neue Armut«
- Medizinischer Fortschritt und Krise des Gesundheitswesens
- Überstunden und Arbeitslosigkeit
- Produktivitätszuwachs und Altersarmut
- Lehrerarbeitslosigkeit und Bildungsnotstand

Die Kritik an der Warenproduktion darf allerdings nicht einseitig dahingehend missverstanden werden, dass über den Zweck, Geld zu verdienen, die Qualität der Gebrauchsgegenstände bzw. die Versorgung automatisch leidet. Mit der Ausrichtung der Produktion auf Verkaufbarkeit werden alle zahlungsfähigen Bedürfnisse erfüllt: der luxuriös ausgestattete Privatjet, der handgefertigte Sportwagen, die Designerarmbanduhr für 45.000 € und billige ungesunde Lebensmittel. Die Unterordnung unter den Zweck der Verkaufbarkeit und damit die Spekulation auf massenhaft arme und verhältnismäßig wenig reiche Kaufkraft – so werden die Individuen marktwirtschaftlich gesehen! – steuert den Einsatz aller gesellschaftlichen Potenzen

der Produktion durch die unabhängigen Privatproduzenten und gibt vor, welches Bedürfnis zählt. Aufgrund dieser Unterordnung wird in der Marktwirtschaft das gesellschaftliche Arbeitsvermögen für das
exzentrischste Einzelbedürfnis bereitgestellt, wenn Individuen aus welchem Grund auch immer über die
entsprechende Zahlungsfähigkeit verfügen. Zugleich
wird gesellschaftliche Arbeit in minderwertige Produkte investiert, um die geringe Zahlungsfähigkeit des
Großteils der Bevölkerung zu bedienen.

Die Organisation der gesellschaftlichen Produktion als
Warenwirtschaft bestimmt über den Zweck, Geld zu
verdienen, aber nicht nur *was, ob überhaupt* bzw. *für wen*
produziert wird. Gebrauchswerte als Waren zu produzieren, gibt zugleich die Kriterien vor, *wie* produziert
wird. Ein vom Standpunkt der Bedürfnisbefriedigung
keineswegs unerheblicher Sachverhalt.

Arbeit als Mittel zum Leben oder leben für die Arbeit?

Wenn es dem Warenproduzenten nicht gelingt, seine Waren in Konkurrenz zu den Marktteilnehmern zu verkaufen, er also kein Geld verdient, ist er von den Produkten der anderen Warenproduzenten ausgeschlossen. Zahlungsunfähige Bedürfnisse zählen nicht als Bedürfnisse. Sie sind nichts wert. Keiner kann sich in der Marktwirtschaft leisten, seine Waren zu verschenken. Der Zwang, in der Konkurrenz erfolgreich gegen die anderen verkaufen zu müssen, hat daher, wie die Beispiele gezeigt haben, notwendigerweise negative Auswirkungen auf den Umgang mit den Gebrauchsgegenständen, wie auch auf die Versorgung der Menschen mit den vorhandenen Reichtümern.

Genauso wenig, wie man aber in der Marktwirtschaft Rücksicht auf die Qualität der Produkte bzw. die Bedürfnisse der anderen Menschen nehmen kann –, sie sind immer nur Mittel, um selbst an Geld heranzukommen – genauso wenig kann der Warenproduzent Rücksicht auf seine eigene Arbeit nehmen. Niemand würde freiwillig irgendwelche nützlichen Dinge herstellen, ohne dabei zugleich auf die hierfür erforderlichen Arbeitsbedingungen zu achten. Das Bedürfnis nach bestimmten Sachen steht vernünftigerweise immer in einem Verhältnis zu dem erforderlichen Arbeitsaufwand. Die aufgewandte Arbeitszeit und die eigene Gesundheit, die womöglich unter dem Arbeitseinsatz leiden, gehören daher vernünftigerweise mit in die Kalkulation, ob sich der Aufwand für eine Sache lohnt oder nicht. Anders beim Warenproduzenten! Bei der Warenproduktion wird die Produktion nicht gemeinschaftlich geplant und ausgeführt, sondern über die individuelle Konkurrenz um das Geld entschieden. Ähnlich wie die nützliche Eigenschaft der Produkte zum bloßen Mittel des Geldverdienens degradiert wird, zählt bei der Warenproduktion die individuelle Anstrengung nicht. Ob die Arbeit sich lohnt, entscheidet sich nicht am Verhältnis von Arbeitsaufwand zu den geschaffenen Gütern, sondern daran, ob die Waren verkauft werden können. Ob und wie man von seiner Arbeit leben kann, entscheidet damit die Konkurrenz.

Der Landwirt baut vielleicht geschickt das Getreide an, das den höchsten Preis verspricht. Auf dem Markt stellt er dann fest, dass es nicht nur seine Idee war und es somit, gemessen an der zahlungsfähigen Nachfrage, ein Überangebot gibt. Der Preis fällt und ob er seine Kosten decken kann oder ruiniert ist, bleibt sein Problem. Wenn er Pech hat, zählt er trotz allem Einsatz dann auch zu denen, deren Bedürfnisse nichts wert sind, weil sie sie nicht bezahlen können. Der Schuh-macher, der Metzger, der Uhrmacher, der Klempner, der Friseur oder der Ladenbesitzer: Sie mögen alle flei-ßig, motiviert und geschickt arbeiten. Abends, wenn sie spät nach Hause kommen, sind die Kinder viel-leicht schon im Bett und am Wochenende ist noch Bü-roarbeit erforderlich. Ob sie trotz aller Anstrengung in Armut leben oder sogar irgendwann einmal Konkurs anmelden müssen und so zusammen mit ihrer Familie zu denen zählen, deren Bedürfnisse nichts mehr wert sind, entscheidet die Konkurrenz. Und wenn sie nicht zu den Verlierern zählen, dann sind es andere.

Es ist das Problem jedes Einzelnen, wie er mit seinen Mitteln und seinem persönlichen Arbeitsaufwand im Verhältnis zur Konkurrenz steht. Spätestens auf dem Markt, wenn die zahlungsfähigen Kunden die Preise vergleichen, erfährt jeder im Nachhinein, was seine Arbeit wert ist, ob sie überhaupt markttauglich ist. Es liegt also nicht in der Hand des einzelnen Marktteil-nehmers, ob er erfolgreich seine Waren oder Dienst-leistungen verkaufen kann, um so das erforderliche Geld für seine eigene Bedürfnisbefriedigung zu verdie-nen. Natürlich ist der eigene Einsatz – Fleiß, Geschick, Ausbildung usw. – nicht unbedeutend. Entscheidend ist aber der Vergleich mit den Mitteln, über die die Konkurrenz verfügt. Da mögen viele sich einbilden, über den eigenen Willen zum Erfolg bzw. über den eigenen Einsatz habe man es selbst in der Hand, wie die Konkurrenz entschieden wird. Die marktwirtschaftliche Wirklichkeit zeigt, dass die Zahl der Verlierer die der Gewinner bei weitem übersteigt. Dazu muss man gar nicht erst nach Afrika, Asien oder Lateinamerika schauen, ein Blick auf die Einkommensstatistik der reichsten Industrieländer belegt das auch.

Mit dem Zwang, in der Konkurrenz erfolgreich zu verkaufen, gibt es daher nicht nur genügend Anreize, die Qualität der Produkte verkaufsträchtig zu gestalten, sondern es verbietet sich auch, zu viel Rücksicht auf die eigene Gesundheit zu nehmen. Je mehr gearbeitet wird, je rücksichtsloser gegen die eigene Gesundheit, desto besser die Chancen, seine Waren verkaufen zu können. Arbeitsschutz und Freizeitinteressen muss man sich erst einmal leisten können. Ob und unter welchen Arbeitsbedingungen überhaupt Geld verdient werden kann, hängt nicht von den eigenen Bemühungen ab, sondern stellt sich als Resultat der Konkurrenz erst auf dem Markt heraus. In der Konkurrenz setzt man Maßstäbe für die anderen oder die anderen setzen Maßstäbe für einen selbst.

Konkurrenz statt Kooperation

Zur Abwechslung kann man sich einmal vorstellen, dass die individuellen Arbeitskräfte mit gemeinschaftlichen Produktionsmitteln planmäßig und in gesellschaftlicher Arbeitsteilung nützliche Dinge herstellen und unter sich verteilen. Natürlich wären auch hier Konflikte zu lösen, sei es in Fragen der Produktionseinteilung oder der Güterverteilung. Das einigende Band wäre aber der gemeinsame Zweck: die Versorgung der Gemeinschaft mit nützlichen Gebrauchsgegenständen.

Arbeitsteilung – eine im Sinne planmäßiger Produktion zweckmäßige Sache – ist in der Marktwirtschaft darüber organisiert, »dass die Arbeiter ihre individuellen Produkte austauschen. Nur Produkte selbstständiger und voneinander unabhängiger Privatarbeiten treten einander als Waren gegenüber.«[7] Ausgangspunkt der Warenproduktion ist damit die Privatarbeit und das beinhaltet zunächst den Ausschluss der anderen vom Gebrauch der hergestellten Gebrauchsgegenstände. Zusammenarbeit findet nicht statt, wo Privateigentümer um Produktivitätsvorteile ringen, um sich gegenseitig Marktanteile abzujagen. In der Marktwirtschaft werden die Produkte in Konkurrenz einzelner

---

[7] Karl Marx, Das Kapital, Bd. 1, S. 57

Privatproduzenten gegeneinander produziert, um verkauft zu werden. Die eigenen Produkte sind hierbei für den Warenproduzenten nur das Mittel, um Geld zu verdienen, mit den schon erwähnten notwendigen negativen Folgen für den Gebrauchsgegenstand. Die Produkte sind als Privateigentum nur zugänglich, wenn zuvor Geld verdient wurde, wenn sich die eigene Arbeit auf dem Markt bewährt hat. Es zählen hier nur die zahlungsfähigen Bedürfnisse der Mitglieder der Gemeinschaft. Jeder muss zunächst in Konkurrenz zu den anderen auf dem Markt seine Waren erfolgreich verkaufen, um an die Gebrauchsgegenstände für seine Bedürfnisbefriedigung zu gelangen. Der Gegensatz zwischen den Warenhändlern sowie zwischen Käufer und Verkäufer setzt dabei voraus, dass sich die Marktteilnehmer wechselseitig als Privateigentümer anerkennen. Die Anerkennung des Privateigentums an Waren und den entsprechenden Produktionsmitteln bedeutet damit zugleich die Anerkennung des eigenen Ausschlusses vom vorhandenen Reichtum der Gesellschaft.

»Konkurrenz belebt das Geschäft«, heißt es so schön. Aber jeder weiß, dass diese Belebung nicht dadurch zustande kommt, dass man sich gegenseitig hilft, Tipps gibt, wie es besser oder einfacher geht etc. Im Gegenteil: Wissen wird verheimlicht (Betriebsgeheimnisse) oder die Anwendung gesetzlich verboten (Patente). Strategien werden ausgearbeitet, wie zum eigenen Vorteil, d.h. auf Kosten der Konkurrenten, verkauft werden kann. Millionen werden für Werbung ausgegeben. Nicht um zu informieren, was es gibt und wo man es bekommt, sondern um den Eindruck zu erwecken, dass das eigene Produkt besser ist als das der Konkurrenz. Wahrheit und Ehrlichkeit zwischen den Menschen sind in diesem Geschäft Ideale, die aufgrund der harten Konkurrenz nicht immer eingehalten werden können. Kein Wunder, wenn die Produkte nur Mittel zum Zweck sind, dann leidet nicht nur ihre Qualität, sondern natürlich auch die wahrheitsgemäße Information über sie. Die Konkurrenz der privaten Warenproduzenten erzeugt – im Gegensatz zur Arbeitsteilung einer planmäßigen Produktion – nicht nur so schöne Sachen wie Betriebsgeheimnisse, Patente und Patentämter, Rechtsstreitigkeiten und Juristen, sondern auch eine ganze Werbebranche inklusive Stiftung Warentest, Marketingorganisationen und Heerscharen von Verkäufern. Die Konkurrenz, das heißt der Zwang, sich gegeneinander durchzusetzen, fördert auch die eine oder andere Charaktereigenschaft. Ellbogengesellschaft ist der bekannte Ausdruck für das Phänomen, dass Durchsetzungsfähigkeit, Rücksichtslosigkeit, Lug und Trug, Neid und Angeberei weit verbreitet sind. Die Gründe sind mit der gegensätzlichen Wirtschaftsordnung gegeben. Das Ideal, sich anders zu verhalten, wird es daneben solange geben, wie es den Grund gibt. Diebstahl, Betrug, Raub, Mord und Totschlag sind daher in dem ökonomischen Gegensatz, über den sich Warenproduktion mit unsichtbarer Hand organisiert, nichts Ungewöhnliches. Es gibt schließlich viele, für die einzelnen Wirtschaftssubjekte naheliegende Gründe, das Rechtsverhältnis in Frage zu stellen. Zum Beispiel für die Slumbewohner von Sao Paulo, Kinshasa, Manila oder Detroit, die täglich von der Polizei daran gehindert werden müssen, sich in den vollen Supermärkten mit dem Notwendigsten zu versorgen. Oder für die Rentner in den reichen Industrieländern, die unter den Begriff Altersarmut fallen und vom Kaufhausdetektiv daran gehindert werden, zu nehmen, was ihnen nicht zusteht. Oder für den langzeitarbeitslosen dreiundfünfzigjährigen Familienvater, der weiß, dass ein Banküberfall aussichtslos ist. Oder für die 100 bis 200 Millionen Straßenkinder von Jakarta, Bogota, Manila, Sao Paulo, Moskau, Bombay, Lima, Johannesburg, Paris …, vor denen nichts sicher ist.

Betrug, Raub, Mord und Totschlag sind in diesem ökonomischen Gegensatz aber die Ausnahme von der Regel. Die Regel ist die Anerkennung des Privateigentums an Produktionsmitteln und damit die Anerkennung des eigenen Ausschlusses von dem als Privateigentum produzierten Reichtum der Gesellschaft. Der

Rechtsbruch darf hier nicht als eine Kritik an den marktwirtschaftlichen Verhältnissen missverstanden werden. Der Rechtsbrecher will lediglich auf der Grundlage der marktwirtschaftlichen Eigentumsordnung seinem individuellen Interesse Recht verschaffen. Der Bankraub dient der Mittelbeschaffung, um anschließend unter Anerkennung und Schutz des Privateigentums mit der Macht seines Geldes den universellen Zugriff auf Güter und Dienste anderer zu genießen.

Die unsichtbare Hand der Marktwirtschaft

Was ist eigentlich der Tauschwert der Waren bzw. das Geld, worum sich in der Marktwirtschaft alles dreht?

»Die Nützlichkeit eines Dings macht es zum Gebrauchswert [...] Dieser Charakter hängt nicht davon ab, ob die Aneignung seiner Gebrauchseigenschaften dem Menschen viel oder wenig Arbeit kostet [...] Der Tauschwert erscheint zunächst als das quantitative Verhältnis, die Proportion, worin sich Gebrauchswerte einer Art gegen Gebrauchswerte anderer Art austauschen, ein Verhältnis, das beständig mit Zeit und Ort wechselt [... Die sich vergleichenden Gebrauchswerte] sind also gleich einem Dritten, das an und für sich weder das eine noch das andere ist. Jedes der beiden, soweit es Tauschwert, muss also auf dies Dritte reduzierbar sein [... Dabei] ist es gerade die Abstraktion von ihren Gebrauchswerten, was das Austauschverhältnis der Waren augenscheinlich charakterisiert. Innerhalb desselben gilt ein Gebrauchswert gerade so viel wie jeder andere, wenn er nur in gehöriger Proportion vorhanden ist.«[8]

---

[8] Vgl. hierzu und zu den folgenden Zitaten: Karl Marx, Das Kapital, Bd. 1, S. 50ff

Die Gleichsetzung verschiedener Gebrauchsgegenstände beruht auf der sie verbindenden Eigenschaft,
dass sie Produkt von menschlicher Arbeit sind. »Indem sie ihre verschiedenartigen Produkte einander im
Austausch als Werte gleichsetzen, setzen sie ihre verschiedenen Arbeiten einander als menschliche Arbeit
gleich. Sie wissen das nicht, aber sie tun es.«[9] Dabei
verschwindet mit dem nützlichen Charakter der Arbeitsprodukte zugleich »der nützliche Charakter der in
ihnen dargestellten Arbeiten, es verschwinden also
auch die verschiedenen konkreten Formen dieser Arbeiten, sie unterscheiden sich nicht länger, sondern
sind allesamt reduziert auf gleiche menschliche Arbeit,
abstrakt menschliche Arbeit.«[10] In dem Doppelcharakter der Ware als Gebrauchswert und Tauschwert stellt
sich damit gleichzeitig ein doppelter Charakter der Arbeit dar. Sie ist nützliche Arbeit, die Gebrauchswerte
schafft, und abstrakte Arbeit, reine Verausgabung von
Arbeitskraft, gleichgültig in welcher nützlichen Weise
sie betätigt wird. Im Tauschwert sind daher die Qualität des Gebrauchsgegenstandes und die der konkreten
menschlichen Arbeit nicht entscheidend. Der Tauschwert ist die Verausgabung menschlicher Arbeitskraft
ohne Rücksicht auf die Form ihrer Verausgabung.
»Ein Gebrauchswert oder Gut hat also nur einen Wert,

---

[9] Karl Marx, Das Kapital, S. 88
[10] Karl Marx, Das Kapital, Bd. 1, S. 52

weil abstrakt menschliche Arbeit in ihm vergegenständlicht oder materialisiert ist.«[11]

Wenn Waren gehandelt werden, findet eine Gleichsetzung verschiedenartiger Gebrauchsgegenstände statt. Auf die besondere Qualität der Güter und der in ihnen enthaltenen konkreten Arbeit kommt es dabei im Austausch nicht an. Es werden nicht nützliche Dinge in dem an den Bedürfnissen gemessenen Umfang hergestellt und zur Verfügung gestellt, sondern der Tauschwert, soll den Zusammenhang zwischen Produktion und Konsumtion vermitteln. Das Maß für den Nutzen der hergestellten Gebrauchsgegenstände sind nicht die Bedürfnisse der Gesellschaftsmitglieder, sondern ihre Zahlungsfähigkeit. Oder andersherum ausgedrückt: Die Frage, was produziert wird, wird abhängig davon, wie viel Geld mit einem Produkt verdient werden kann. Wenn Arbeit daher als konkrete Tätigkeit nicht nur Produkte herstellt, die für die Bedürfnisse der Menschen nützlich sind, sondern wenn in einer auf Eigentum beruhenden Gesellschaftsordnung mit den Produkten Geld erwirtschaftet werden soll, dann muss die Arbeit neben dem konkreten Arbeitsergebnis den Waren die abstrakte Wert- bzw. Geldeigenschaft hinzufügen, die sich dann beim Verkauf realisiert. Dafür muss eine Qualität an der Arbeit gemessen werden, die

---

[11] Karl Marx, Das Kapital, Bd. 1, S. 53

sie mit allen Arbeiten gleich macht: Die in ihr enthaltene »wertbildende Substanz« der Arbeit. Als solche abstrakt menschliche Arbeit, Arbeit schlechthin, ist sie nur eines Unterschiedes fähig, nämlich ihres in Zeit gemessenen Quantums. Ihren ökonomischen Zweck erreicht die wertschaffende Arbeit daher nicht durch den konkreten Nutzeffekt, den sie stiftet, sondern allein durch die Menge, also die Dauer des Einsatzes an Arbeitskraft überhaupt. Das heißt natürlich nicht, dass jemand, der faul ist oder behindert oder einfach nur schwächer, mehr Wert schafft, weil er mehr Zeit benötigt. »Es ist [...] nur das Quantum gesellschaftlich notwendiger Arbeit oder die zur Herstellung eines Gebrauchswerts gesellschaftlich notwendige Arbeitszeit, welche seine Wertgröße bestimmt.«[12] Wer es nicht glauben will, merkt es praktisch spätestens auf dem Markt. Da die zahlungsfähige Nachfrage gewöhnlich begrenzt ist, also ein »Überangebot« an Waren vorhanden ist, versucht jeder, in Konkurrenz zu den anderen Anbietern seine Waren an den Mann zu bringen. Ob der Warenbesitzer den kalkulierten Preis erlösen kann, wie viel also seine Ware im Tausch als Wert realisiert, entscheidet sich beim Verkauf. Erst auf dem Markt beantwortet sich für den Warenproduzenten die spannende Frage, wie bzw. ob überhaupt er von seiner Arbeit leben kann.

---

[12] Karl Marx, Das Kapital, S. 54

Als Warenproduzenten sind alle Marktteilnehmer gezwungen, ihre in ihrem Privatbesitz befindlichen Waren auf dem Markt einem gesellschaftlichen Test auszusetzen. Ob und in welchem Umfang die Ware ihren Dienst tut – dem Warenbesitzer über den Erlös von Geld den Zugang zum gesellschaftlichen Reichtum zu verschaffen – beantwortet sich hinter dem Rücken der Verkäufer darüber, ob sich die in ihren Waren enthaltene individuelle Arbeit am Maßstab der gesellschaftlich notwendigen Arbeit bewährt. Als wertbildend anerkennen die Kunden über den Preisvergleich auf dem Markt nur die Arbeit, die unter durchschnittlicher Produktivität zur Produktion eines Gegenstandes notwendig ist. Dabei kennen weder die Käufer noch die Verkäufer den durchschnittlich gesellschaftlich notwendigen Arbeitsaufwand, den Wert der Ware. Der Verkäufer versucht, im Gegensatz zum Käufer, immer den höchsten Preis zu erzielen. Erst über den Preiskampf der Warenanbieter zwingen sich die Privatproduzenten ständig den Vergleich zwischen der in ihren Waren enthaltenen *individuellen* Arbeitszeit und der *gesellschaftlich notwendigen* Arbeitszeit auf. Der Preis pendelt sich so in der Regel auf dem gesellschaftlich durchschnittlichen Arbeitsaufwand als dem Wert der Ware ein. Wie groß die gesellschaftlich durchschnittliche Produktivität ist, hängt nicht vom einzelnen Produzenten ab, sondern von der Gesamtheit der Produzenten eines Produkts. Mit jedem Wechsel in der Produktivkraft der Arbeit ändert sich entsprechend der Wert, der in der Konkurrenz der Warenanbieter für die individuelle Arbeit am Maßstab der gesellschaftlich notwendigen erzielt werden kann. Der Wert einer Ware wird daher durch den Durchschnittsgrad des Geschickes der Arbeiter, die Entwicklungsstufe der Wissenschaft, den Umfang der Produktionsmittel und durch Naturverhältnisse bestimmt. »Nach der Einführung des Dampfwebstuhls in England z.B. genügte vielleicht halb so viel Arbeit als vorher, um ein gegebenes Quantum Garn in Gewebe zu verwandeln. Der englische Handweber brauchte zu dieser Verwandlung in der Tat nach wie vor dieselbe Arbeitszeit, aber das Produkt seiner individuellen Arbeitsstunde stellte jetzt nur noch eine halbe gesellschaftliche Arbeitsstunde dar und fiel daher auf die Hälfte seines früheren Werts.«[13]

Was auf der Grundlage vergesellschafteter Produktionsmittel zum Vorteil aller Gesellschaftsmitglieder wäre – die Verringerung des Arbeitsaufwandes für die Produktion einer gegebenen Anzahl Güter – entscheidet in der Konkurrenz der Marktwirtschaft über Gewinner und Verlierer. Wer über bessere Produktions-

---

[13] Karl Marx, Das Kapital, Bd. 1, S. 53

mittel verfügt, geschickter, stärker oder einfach gesünder ist, kann mehr in gleicher Zeit herstellen und den Preis im Vergleich zur Konkurrenz senken. Wer ungeschickter, schwächer oder einfach nur krank ist, bleibt auf der Strecke. Wer in der Konkurrenz der Warenproduzenten daher aus welchen Gründen auch immer mit dem Produktivitätsfortschritt nicht mithält, ist trotz des gestiegenen gesellschaftlichen Reichtums ruiniert. Da seine Bedürfnisse nicht mehr zahlungsfähig sind, sind sie schlicht nichts mehr wert in der Welt der Warenproduzenten.

In einer Gesellschaft, in der der gesellschaftliche Reichtum als Privateigentum in Form von Waren produziert wird – die Gebrauchswerte also nur Mittel zum Zweck der Tauschwertproduktion sind – erzeugt die Steigerung der Produktivkraft aber nicht nur Gewinner und Verlierer. Die Verbesserung der Produktivität der Arbeit senkt zugleich den Wert der gesellschaftlichen Arbeit. Indem in gleicher oder kürzerer Zeit immer mehr Waren hergestellt werden, benötigt jede einzelne Ware zu ihrer Herstellung immer weniger Zeit und damit steckt in ihr immer weniger wertbildende abstrakte Arbeit. »Derselbe Wechsel der Produktivkraft, der die Fruchtbarkeit der Arbeit und daher die Masse der von ihr gelieferten Gebrauchswerte vermehrt, vermindert ... die Wertgröße dieser vermehrten Gesamtmasse, wenn er die Summe der zu ihrer

Produktion notwendigen Arbeitszeit abkürzt.«[14] Da Produktivkraftsteigerung in der Marktwirtschaft zur Waffe im Konkurrenzkampf wird, zwingen sich die Warenproduzenten wechselseitig ständig die Steigerung der Produktivität der Arbeit auf und verschärfen damit, ohne es zu wissen, den Widerspruch der Wertproduktion.

Wäre der Nutzen der hergestellten Gegenstände der Zweck der Produktion, dann ließe sich dieser bei steigender Produktivität der Arbeit mit einem abnehmenden Aufwand an Zeit und Kraft erzielen. Sobald dagegen in der Welt der konkurrierenden Eigentümer der Wert zum Maßstab der Produktion wird, lässt sich diese bei steigender Produktivität der Arbeit nur durch eine Ausweitung der Produktion erreichen. Angefangen bei der Produktionsentscheidung bis hin zur täglichen Ausrichtung der Arbeit bestimmt in einer warenproduzierenden Gesellschaft daher die »Verrücktheit« dieses Reichtumsmaßes schon bevor die Waren auf den Markt getragen werden, dass es nicht um Versorgung bei gleichzeitiger Verringerung des Arbeitsaufwandes geht, sondern um Geldvermehrung durch möglichst lange, intensive und produktive Verausgabung von gesellschaftlich durchschnittlicher Arbeit.

---

[14] Karl Marx, Das Kapital, Bd. 1, S. 61

44

Um den in Geld gemessenen Reichtum der Gesellschaft zu vermehren, müssen die gegeneinander konkurrierenden Privatproduzenten eine immer größere Masse an Waren auf den Markt werfen, um den gleichen oder einen größeren Wert auf dem Markt zu realisieren. Darüber wird es zwangsläufig zum Bedürfnis, mehr zu arbeiten, um über die zusätzlich auf den Markt getragenen Produkte die Chancen zu erhöhen, am gesellschaftlichen Reichtum teilhaben zu können.

Das Problem nimmt damit aber erst richtig seinen Lauf! Steht der Ware überhaupt in dem Umfang, in der sie von zahlreichen Konkurrenten angeboten wird, genügend zahlungsfähige Nachfrage gegenüber, ist die spannende Frage. Sobald nämlich die unabhängig voneinander und in Konkurrenz gegeneinander vorangetriebene Produktion gemessen an der Zahlungsfähigkeit der Gesellschaftsmitglieder *zu viel Reichtum* produziert hat, wird der Reichtum der Gesellschaft neben den vorhandenen Bedürfnissen der Gesellschaftsmitglieder überschüssig, überflüssig und damit nutzlos. Die Verrücktheit des marktwirtschaftlichen Reichtumsmaßstabes tritt nun offen hervor: Am Maßstab des Geldes wurde nicht zu wenig produziert, sondern zu viel. So einfach können Massenelend und vorhandener Reichtum zusammengehen.

»Geld ist wie das Rad eine Erfindung, ohne die die moderne Zivilisation nicht denkbar wäre. Stellen Sie sich die Welt ohne Geld vor: Sie sind Metzger und wollen Ihre Waren an Ihre Kunden verkaufen.«
Stimmt das?

Die Macht des Geldes

»Die Macht, die jedes Individuum über die Tätigkeit der anderen oder über die gesellschaftlichen Reichtümer ausübt, besteht in ihm als dem Eigner von Tauschwerten, von Geld. Es trägt seine gesellschaftliche Macht, wie seinen Zusammenhang mit der Gesellschaft, in der Tasche mit sich.«[15]

Wer Geld hat, besitzt in der Marktwirtschaft den Zugang zum Reichtum der Gesellschaft. Wer über kein Geld verfügt, verhungert neben den Reichtümern der Gesellschaft. Wer Geld besitzt, kann sich von anderen die Schuhe putzen lassen, Liebschaften kaufen oder schlicht andere für sich arbeiten lassen. Wer kein Geld besitzt, ist ein armer Hund. Eine dumpfe Ahnung hat jeder, dass Geld wie die Ware unangenehme Seiten hat, so sehr man auch *in der Warenwelt* darauf angewiesen ist. Geld verdirbt den Charakter, heißt es. Beim Geld hört die Freundschaft auf. Geld regiert die Welt. Geldgier, es geht doch nur ums Geld, sind die verbreiteten Vorwürfe. Vielleicht ist es auch hier einmal hilfreich, sich zu erklären, was Geld eigentlich ist, um dann zu entscheiden, ob es nicht doch besser ohne Geld ginge.

---

[15] Karl Marx, Grundrisse der Kritik der politischen Ökonomie, S. 74

Geld ist kein natürlicher Gegenstand. An einer Metallmünze, dem Papier einer Banknote, einem Stück Gold oder Silber klebt kein Geldcharakter. Geld ist die allgemeine Form der über das *Tauschverhältnis* der Eigentümer in die Welt kommenden Tauschwerte ihrer Waren. Statt eine bestimmte Menge eines Gegenstandes gegen die entsprechende Wertmenge eines anderen Gegenstandes zu tauschen, wird über das Geld jeder Gebrauchsgegenstand im Verhältnis seines Tauschwertes gegen die im allgemeinen Wertmaßstab des Geldes abgebildete gesellschaftlich notwendige Arbeit eingetauscht. Geld ist das von den Waren losgelöste selbst als Geldware neben ihnen existierende allgemeine Maß der gesellschaftlich durchschnittlichen Arbeitszeit. Geld ist die versachlichte Form des Vergleichs der individuellen Arbeitszeiten am Maßstab der gesellschaftlich notwendigen Arbeitszeit.

Wenn Lebensmittel oder sonstige nützliche Gebrauchswerte als Waren produziert werden, werden diese nicht einfach in gesellschaftlicher Arbeitsteilung hergestellt, um sie einander verfügbar zu machen. Als Waren kommen sie als Privateigentum des Produzenten in die Welt, sind also dem gesellschaftlichen Bedürfnis zunächst entzogen und werden nur zur Verfügung gestellt, wenn ein zahlungsfähiger Interessent den verlangten Preis mit Geld bezahlt. Der Gebrauchswert ist für den Warenproduzenten lediglich die Bedingung dafür, dass andere mit dem durch ihre Arbeit verdienten Geld seine Ware erwerben wollen und ihm darüber Geld verschaffen, das im Rahmen seiner gewonnenen Zahlungsfähigkeit seinen eigenen gesellschaftlichen Ausschluss vom Reichtum der Gesellschaft aufhebt. »Im Geld als allgemeinem Zugriffsmittel ist also vorausgesetzt und eingeschlossen die Zerlegung des gesellschaftlichen Lebensprozesses in ein *ausschließendes* Gegenüber von Produzenten und Konsumenten. Geld vermittelt zwischen Privatpersonen, die einander brauchen und füreinander schaffen und zugleich einander vorenthalten, was sie voneinander brauchen und füreinander schaffen. Auf Basis dieses Ausschlussverhältnisses kommen sie miteinander "ins Geschäft", tauschen ein Stück allgemeiner Verfügungsmacht in Geldform gegen die Verfügungsmacht über die benötigte Ware bzw. umgekehrt. Sie rücken also auch da, wo sie mit ihren komplementären Bedürfnissen zusammenkommen, von ihrem gegensätzlichen Verhältnis zueinander nicht ab. Ihre gesellschaftliche Kooperation findet statt als versachlichtes Gewaltverhältnis: als Betätigung der Zugriffs- und Kommandomacht über die Produkte und Dienste anderer, die in dem Geld steckt, das einer hat.«[16]

---

[16] W. Möhl, T. Wentzke, Das Geld, S. 49

Geld ist die versachlichte Form des gesellschaftlichen Gewaltverhältnisses, das mit der Privatisierung von Produktionsmitteln in die Welt kommt. Auf der Grundlage des über das staatliche Gewaltmonopol gesicherten Privateigentums an Produktionsmitteln werden alle Elemente des gesellschaftlichen Reichtums zu Eigentum, zu Objekten exklusiver Privatmacht erklärt. Über dieses gewaltsame Ausschlussverhältnis der gegeneinander konkurrierenden Eigentümer wird im Warenhandel Geld zum Maß und Mittel der privaten Teilhabe am Reichtum der Gesellschaft. Der Staat verpflichtet die praktisch aufeinander angewiesenen Gesellschaftsmitglieder darauf, das Verhältnis ausschließenden privaten Verfügens über Bedarfsartikel aller Art zum Inhalt ihres gesellschaftlichen Zusammenlebens zu machen. Allein der Besitz von Geld ermöglicht den Individuen die private Verfügungsmacht über die Reichtümer der Gesellschaft. Die Konkurrenz um das Geld und die Kommandogewalt der im Geld existierenden privaten Zugriffsmacht wird zur Verlaufsform ihres arbeitsteiligen gesellschaftlichen Zusammenlebens.

Wenn man die Warenproduktion, aus der heraus Geld entsteht, als selbstverständliche und einzig mögliche Form des Wirtschaftens unterstellt, ist es richtig, dass *dieses gesellschaftliche Gewaltverhältnis der privaten Warenproduzenten* ohne Geld nicht funktioniert. Im Geld stellt sich ja nur dar, was mit dem scheinbar harmlosen Händewechsel der Waren in die Welt kommt. Warenproduktion – die Herstellung von Gütern und Diensten als Privateigentum – gibt es nicht ohne Geld. Der in Warenform vorliegende Reichtum und damit die Tatsache, dass man in der Marktwirtschaft ohne Geld von allen Lebensmitteln ausgeschlossen ist, begründet im Tauschverhältnis den Zwang zu Kauf und Verkauf, der sich dann in dem Bedürfnis nach Geld als allgemeinem Tauschwert bemerkbar macht. Wer daher behauptet, Geld wäre nützlich, tut so, als sei das Geld für Herstellung und Verteilung nützlicher Dinge erfunden worden. Der in der Warenproduktion vorherrschende Zweck ist aber nicht die Versorgung der Gesellschaftsmitglieder, sondern der private Verkauf von Waren, um Geld zu verdienen. Der Reichtum einer warenproduzierenden Gesellschaft misst sich dementsprechend nicht in der Versorgung der Bevölkerung, im Verhältnis zum Aufwand, der hierfür aufgebracht werden muss, sondern im Geld.

Gefangen in der Rationalität der Marktwirtschaft erscheinen Ware und Geld als Mittel, in denen der Nutzen für einen liegen muss, auch wenn sie diesen gerade nicht hervorbringen. Die Benutzung dieser Mittel erscheint unter dieser Voraussetzung als Chance, also mit den Möglichkeiten des Erfolges und des Misserfolges verbunden. Den Misserfolg sieht man nicht als

Notwendigkeit, sondern als Ausnahme. Und auch die Massenhaftigkeit dieser Misserfolge ändert an dem Gedanken wenig, wenn man diese als Ergebnis des »falschen Umgangs« mit den Mitteln der Konkurrenz ansieht. Es ist eben ein Unterschied, ob man fragt: »Wie komme ich ans Geld?« oder ob man fragt: »Was ist eigentlich das Geld?«. Solange man der praktischen Frage folgt, erliegt man einer Illusion.

In einem Wirtschaftssystem, das die Realisierung von abstraktem Reichtum, von Geld, zum Zweck erhebt und die Versorgung der Menschen zum Abfallprodukt degradiert, erscheint daher das praktische Interesse, in der Konkurrenz mit Ware und Geld seine Chancen zu nutzen, zugleich als Sachzwang. »Geld regiert die Welt« ist der bekannte Ausspruch dafür, dass in der Marktwirtschaft nicht die Menschen die Wirtschaft beherrschen, sondern die Wirtschaft die Menschen. Aber wie soll das gehen? Ein Gegenstand, der herrscht? Waren und Geld sind im Zuge der Privatisierung der Produktionsmittel das Resultat des politischen Handelns der Menschen und zugleich erscheinen sie ihnen als davon unabhängige Dinge, deren Gesetzmäßigkeiten die Menschen folgen müssten.

Das Geheimnis des Fetischcharakters von Ware und Geld

Wenn die Herstellung nützlicher Dinge als Warenproduktion einzelner, gegeneinander konkurrierender Privatproduzenten organisiert ist, dann gelten die Gesetze der Wertproduktion, dann wird es zur Sachnotwendigkeit und darüber zum praktischen Interesse, sich an der Jagd nach dem Geld als der Zugriffsmacht auf den Reichtum der Gesellschaft zu beteiligen.

In einer Gesellschaft, in der Sklavenarbeit vorherrscht, sind die ökonomischen Beziehungen zwischen den Menschen deutlich sichtbar. Der Sklave ist Eigentum und wird tagein tagaus vom Besitzer benutzt. Er bekommt das dafür Nötige und muss seine gesamte Arbeit und deren Produkte dem Besitzer geben. Das Herrschaftsverhältnis bestimmt offen den Inhalt der Arbeit und die Verteilung der Resultate der Arbeit. Auch in der feudalen Gesellschaft liegen die ökonomischen Beziehungen offen. Der Bauer arbeitet einen Teil für sich und festgelegte Zeiten auf den Feldern der Herren und muss von seinem Jahresprodukt einen festgelegten Teil abgeben. In beiden Fällen ist für jeden klar erkennbar, wer arbeitet und wie die Arbeitsprodukte in der Gesellschaft verteilt werden. Der ökonomische Zusammenhang und die Ausnutzung der arbeitenden Klassen sind leicht als Herr-Knecht-Verhältnis zu durchschauen.

In der Marktwirtschaft sind die direkte Unterordnung der arbeitenden Bevölkerung und die Übertragung eines Teils ihres Produktes in die Hände einer anderen Klasse verschleiert. Für alle Marktteilnehmer gelten unabhängig von ihren individuellen Mitteln Freiheit und Gleichheit der Person. Es gibt in der Marktwirtschaft kein übergeordnetes ökonomisches Herrschaftssubjekt, das den Menschen die Lebensmittel wegnimmt oder gesundheitsschädliche Arbeitsbedingungen anordnet. Der bürgerliche Staat überlässt es in der Marktwirtschaft grundsätzlich den freien und gleichberechtigten Marktteilnehmern, wo und zu welchen Bedingungen gearbeitet wird. In der Marktwirtschaft kann jeder machen, was er will, solange er die Eigentumsrechte und damit die Spielregeln eines fairen Warenhandels respektiert. Der Verkauf von Waren – statt der planmäßigen Produktion und Verteilung von Gebrauchsgütern – erscheint in der Marktwirtschaft darüber als natürliche Form der Arbeitsteilung und Versorgung zum allgemeinen Nutzen. Die Konkurrenz, die das ökonomische Verhältnis der Warenproduktion begleitet, wird als Mittel und Chance wahrgenommen. Die Subjekte, die in der Marktwirtschaft über das Eigentum an Produktionsmittel Entscheidungsmacht haben – die Privateigentümer bzw. ihre Manager –, verweisen dementsprechend auf den Wettbewerbsdruck der globalisierten Konkurrenz, der zur Folge habe, dass sie selbst für ihre Beschlüsse und

Anforderungen an die Arbeit nicht verantwortlich seien. Nicht die gegensätzlichen Zwecke handelnder Personen, sondern die Konkurrenz – der drohende Ruin bzw. die günstige Gelegenheit –, erfordern scheinbar die marktgerechte Anpassung der Produkte und ihrer Produktionsbedingungen. Die Produktion ist Mittel zum Zweck, Geld zu verdienen, und so muss sie dann auch behandelt werden. Wer bei den Spielregeln, die die Konkurrenz vorgibt, nicht mitmachen will, dem nimmt keiner die Lebensmittel weg, der kann sie nur nicht mehr bezahlen.

Die Freiheit, die die Individuen in der Marktwirtschaft genießen, fördert damit zugleich die adäquate und effektive Anpassung der Produzenten an die Erfordernisse einer dem Zweck der Geldvermehrung unterworfenen Produktion. Wer Gebrauchsgegenstände bezogen auf die Bedürfnisse der Gesellschaftsmitglieder produziert, läuft Gefahr, für diese nicht genug zahlungsfähige Nachfrage zu gewinnen. Wer dem Konkurrenten zu sehr hilft, hat hinterher vielleicht das Nachsehen. Wer glaubt, er könne den Produktivitätsfortschritt nutzen, um seinen Arbeitsaufwand zu reduzieren, wird schnell lernen, dass allein Mehrarbeit und höhere Arbeitsgeschwindigkeit den Lebensstandard sichern. Wer Lebensmittel an Bedürftige verteilt, muss sich fragen lassen, ob er sich das leisten kann. Bevor die eigenen Bedürfnisse selbst zahlungsunfähig werden, stellt sich daher fast zwangsläufig der sogenannte »Realismus« ein und legt den Schluss nahe, dass es wegen der Notwendigkeiten *»der Wirtschaft«* einfach nicht anders geht. Erst müssen die Hungernden zu Geld kommen, also Erfolg in der Konkurrenz haben, dann kann man ihnen die Lebensmittel verkaufen. Der Widerspruch zwischen dem vorhandenen, stetig wachsenden Reichtum und der entsprechenden Armut erscheint so als Sachnotwendigkeit. Hätten sie besser gewirtschaftet, wären sie auch erfolgreich. Klingt logisch, wenn man davon absieht, dass nicht alle auf Kosten der anderen erfolgreich seien können. Die zynische »Hilfe zur Selbsthilfe« für die, die gerade die Konkurrenz verloren haben, ist das Einzige, was man denken kann, wenn man an dem Dogma festhalten will, dass die Marktwirtschaft die einzig mögliche Wirtschaftsform sei. Die Enttäuschung, dass auch »Hilfe zur Selbsthilfe« die Armut nicht reduziert, führt unter dem gleichen Dogma zum Schluss: Selbst schuld! Misswirtschaft, Korruption oder gar dumm und faul. So sind sie eben, ist der letzte rassistische Übergang, mit dem der Verdacht, es könne vielleicht auch am Wirtschaftssystem liegen, beiseite geräumt wird.

In einer warenproduzierenden Gesellschaft kontrollieren die Menschen ihre gesellschaftlichen Verhältnisse nicht. Das gesellschaftliche Verhältnis der Menschen zueinander erscheint für sie in Form von Sachzwängen. Die Herrschaftsverhältnisse sind keine persönlichen, sondern sachliche. Die Menschen unterwerfen sich dem Wertgesetz der Warenproduktion. Das geschieht darüber, dass sie auf dem Markt im Tausch die in ihren Produkten enthaltene Arbeitszeit vergleichen. Dabei zählt nicht ihr individueller Arbeitsaufwand, sondern der gesellschaftliche Durchschnitt. Erst im Tausch kristallisiert sich auf dem Markt, hinter ihrem Rücken, über den ständigen Vergleich der unterschiedlichen Preisvorstellungen der Marktteilnehmer der Wert ihrer Produkte heraus. Mit den Mitteln, über die andere verfügen, mit der Intensität der Arbeit, mit dem an verschiedenen Stellen gegeneinander vorangetriebenen Produktivitätsfortschritt wechseln die Wertgrößen ihrer Waren beständig und unabhängig vom Willen, Vorwissen und Tun der Austauschenden. Ihre eigene gesellschaftliche Tätigkeit bekommt damit für sie die Form einer Bewegung von Sachen, unter deren Kontrolle sie stehen, statt sie zu kontrollieren. Als Waren erscheinen die Produkte der Menschen als selbstständige Gestalten, die gesellschaftlichen Beziehungen der Menschen als gesellschaftliche Natureigenschaft der Produkte. Der Wert ist zwar »keine Natureigenschaft der Dinge wie Gewicht oder Farbe, es sieht aber für die Menschen in einer Waren produzierenden Gesellschaft so aus, als ob die Dinge im gesellschaftlichen

Zusammenhang automatisch Wert besitzen würden und damit automatisch eigenen Sachgesetzen folgen würden, denen sich die Menschen nur noch unterordnen könnten.«[17] Vom Resultat der Marktbewertung, von der Werthaltigkeit ihrer Arbeit hängt schließlich ihr Wohl und Wehe ab. »Nur wenn sich die Arbeit für die Landwirte in der Dritten Welt rechnet, wird sich der Hunger eindämmen lassen«, gibt die Vorsitzende der deutschen Welthungerhilfe angesichts von Hungersnöten selbstbewusst zu Protokoll.[18]

Handel mit Waren ist nach verbreiteter Meinung nützlich und vorteilhaft für alle. Die Analyse der Ware hat demgegenüber gezeigt, dass Warenhandel über den Gegensatz von Gebrauchswert und Tauschwert mit unsichtbarer Hand hinter dem Rücken der Menschen die Regeln bestimmt, wie miteinander umgegangen wird. Regeln des Umgangs heißt dabei nicht, dass nicht jeder tun und lassen kann, was er will. Es sind die »guten« Gründe, oft existenzielle Gründe oder auch Sachzwänge genannt, die die einzelnen Marktteilnehmer in ihren Bemühungen, Geld zu verdienen, täglich davon überzeugen, dass der Gebrauchswert nicht Zweck, sondern nur Mittel zum Zweck ist; dass die

---

[17] Michael Heinrich, Kritik der politischen Ökonomie, S. 71
[18] Gespräch mit Ingeborg Schäuble, der Vorsitzenden der Deutschen Welthungerhilfe, Hamburger Abendblatt, 15.04.2008, S. 4

Arbeitsbedingungen sich dem Zweck des Geldverdienens unterzuordnen haben und dass sich um die Versorgung der zu kurz Gekommenen beim besten Willen keiner kümmern kann. Der Besitz von Geld, über das jemand aus welchem Grund auch immer verfügt, regelt die Verfügungsmacht über Güter und Dienstleistungen der Gesellschaft. Was zu tun oder zu lassen ist, ist eine Frage an die Werthaltigkeit der Waren, an ihre Verkaufbarkeit. Es sind nicht die Menschen, die in einer Beziehung zueinander stehen, sondern ihre Waren. In einer Gesellschaft, die auf Warentausch beruht, muss jeder dem Wertgesetz des Tausches folgen, wenn er überleben will. Das gesellschaftliche Verhältnis der Menschen erscheint über ihr Tauschverhältnis als gegenständliche Eigenschaft ihrer Waren bzw. ihrer allgemeinen Äquivalentform des Geldes. Und genau wie bei der Ware müssen die handelnden Personen die vermittelnden Zusammenhänge nicht kennen, um handeln zu können: »Jeder kann Geld als Geld brauchen, ohne zu wissen, was Geld ist.«[19]

Indem die Menschen in ihrem wirtschaftlichen Handeln überlegen, wie sie für ihren Erfolg mit Waren und Geld umgehen sollen, »unterliegt das spontane Bewusstsein der Menschen dem Fetischismus von Ware

---

[19] Karl Marx, Theorien über den Mehrwert, MEW 26.3, S. 163

und Geld. Die Rationalität ihrer Handlungen ist immer schon eine Rationalität innerhalb des mit der Warenproduktion gesetzten Rahmens.«[20] Der Fetischismus von Ware und Geld ist aber nicht einfach ein falsches Bewusstsein in dem Sinne, dass er mit der Aufklärung über den wirklichen Sachverhalt überwunden wird. Er besitzt auch eine materielle Gewalt. Die Frage, inwiefern meine individuell verausgabte Arbeit als Bestandteil der gesellschaftlichen Gesamtarbeit anerkannt wird und in welchem Ausmaß dies geschieht, wird in der warenproduzierenden Gesellschaft nicht von den Mitmenschen beantwortet. Der Wert meiner Ware im Verkauf beantwortet die Frage, inwiefern meine individuell verausgabte Arbeit als Bestandteil der gesellschaftlichen Gesamtarbeit anerkannt wird und in welchem Ausmaß. Und diese Auskunft entscheidet darüber, ob ich in meinem Privatflugzeug Champagner trinke oder in einer Wellblechhütte ohne sauberes Trinkwasser vor mich hin vegetiere. Der Zwang der ökonomischen Verhältnisse, der über die Konkurrenz hinter dem Rücken des Warenproduzenten hervortritt, legt nicht nur die falschen Urteile nahe. Wer nicht mitmacht, sich nicht anpasst und nicht den Regeln folgt, stellt sich ökonomisch ins Abseits, mit den entsprechend unangenehmen Folgen. Wenn die

---

[20] Michael Heinrich, Kritik der politischen Ökonomie, S. 76

gesellschaftliche Produktion als Warenproduktion organisiert ist, dann ist das tägliche Leben in der Tat durch lauter Sachzwänge bestimmt. Dann braucht man Geld. Dann sucht man immer seine Chancen und sieht vor lauter Möglichkeiten den Zwang nicht mehr, den der Zweck, Geld zu verdienen, erzeugt.

Notwendig ist das nicht. Der Doppelcharakter der Ware ist keine Eigenschaft, die den Dingen qua Natur zukommt. Diese Eigenschaft ist etwas *Gesellschaftliches*. Dadurch, dass die Menschen als *Privateigentümer* alle Produkte als Waren produzieren, treten sie erst nach der Produktion auf dem Markt in eine ökonomische gesellschaftliche Beziehung. Der Markt soll die Bereitstellung von Produkten und Dienstleistungen nun für alle Gesellschaftsmitglieder regeln. Anstelle einer planmäßigen gesellschaftlichen Organisation von Produktion und Verteilung ordnen sich die Menschen damit dem im Geld versachlichten Wertverhältnis ihrer Produkte unter. Das Wertgesetz – die Gesetzmäßigkeit, mit der sich in der Marktwirtschaft Gebrauchsgegenstände auf dem Markt über die gesellschaftlich notwendige Arbeitszeit als Werte vergleichen und austauschen – entscheidet nun hinter dem Rücken der einzelnen Akteure über Erfolg und Misserfolg und führt so notwendig zu den bekannten unangenehmen Begleiterscheinungen der Marktwirtschaft.

Die praktische Notwendigkeit, sich Geld besorgen zu müssen, um Lebensmittel zu kaufen, hindert aber niemanden daran, der Frage nachzugehen, was denn die »Macht des Geldes« ausmacht. Jeder kann trotz der praktischen Notwendigkeit, mit Geld umgehen zu müssen, sich erklären, was Geld ist. Das Nachdenken über die Gegenstände Ware und Geld wird nicht durch diese selbst beherrscht, auch wenn ich jeden Tag Geld zum Einkaufen benötige. Die Herrschaft des Geldes über die Menschen ist kein gesellschaftliches Naturgesetz, sondern das Resultat des mit der Warenproduktion gesetzten Zwanges zu möglichst langer, intensiver und produktiver Durchschnittsarbeit, um mit den für den Verkauf vorgesehenen Waren möglichst viel Geld zu verdienen. Die Macht des Geldes ist das Resultat der politisch gewährten Freiheit, Produktionsmittel zu privatisieren. Diese Politik ist veränderbar. Eine Gesellschaft ohne Privateigentum an Produktionsmitteln ist realisierbar. Natürlich können die Menschen sich dafür einsetzen, dass das Kriterium der ökonomischen Arbeitsteilung die Bedürfnisbefriedigung der Gesellschaftsmitglieder ist und nicht die Vermehrung von Geld. Das würde die gesellschaftlichen Verhältnisse revolutionieren!

Kapitel 2
Wie wird man Milliardär,
während andere
verhungern?

Oberflächlich betrachtet erscheinen gewisse Dinge oft anders, als sie in Wirklichkeit sind. So erschien den Menschen die Erde ursprünglich als eine Fläche, als der Mittelpunkt des Universums, um den sich alles dreht. Geht man der Sache auf den Grund, stellt sich die Wirklichkeit oft anders dar. Auch der Warenhandel erscheint oberflächlich betrachtet als eine natürliche, für alle Beteiligten vorteilhafte Angelegenheit zur Versorgung mit Gebrauchsgegenständen und das Geld als ein nützliches Hilfsmittel, ohne dass man zum Naturaltausch zurück müsste. Die Analyse von Ware und Geld hat demgegenüber gezeigt, dass Warenproduktion und Geld keine natürlichen Formen der Arbeitsteilung zum Zwecke der Versorgung der Gesellschaftsmitglieder sind. Warenhandel setzt Eigentum an Produktionsmitteln voraus. Ein gesellschaftliches Gewaltverhältnis, in dem sich Menschen vom Zugang zu ökonomisch relevanten Gegenständen ausschließen. Ein Produktionsverhältnis in dem die Bedürfnisse der Gesellschaftsmitglieder nur anerkannt werden, wenn den Privateigentümern genug Geld bezahlt wird. In dem nicht Kooperation zum Zwecke der Versorgung der Gesellschaftmitglieder angesagt ist, sondern die Konkurrenz um die private Bereicherung. Ein Produktionsverhältnis in dem Ware und Geld der Ausgangspunkt für die Brutalitäten sind, die mit der Verwandlung von Geld in Kapital ihre zwangsläufige Fortsetzung finden.

Das Geheimnis der Verwandlung von Geld in Kapital

»Um aus dem Verbrauch einer Ware Wert herauszuziehen, müsste unser Geldbesitzer so glücklich sein, innerhalb der Zirkulationssphäre, auf dem Markt, eine Ware zu entdecken, deren Gebrauchswert selbst die eigentümliche Beschaffenheit besäße, Quelle von Wert zu sein, deren wirklicher Verbrauch also selbst Vergegenständlichung von Arbeit wäre, daher Wertschöpfung. Und der Geldbesitzer findet auf dem Markt eine solche spezifische Ware vor – das Arbeitsvermögen oder die Arbeitskraft.« [21]

In der Marktwirtschaft machen sich notgedrungen alle auf die Jagd nach dem Geld, denn bei allem Idealismus über den Warenhandel weiß jeder: Wenn ich Geld besitze, habe ich Zugang zu den in Warenform existierenden Reichtümern der Welt, wenn ich kein Geld besitze, bin ich ein armer Hund. Wie wird man also reich? Das ist die spannende Frage sowohl für diejenigen, die hinter dem Geld herjagen wollen, als auch für diejenigen, die Armut bekämpfen wollen und dafür zunächst die Gründe von Armut und Reichtum wissen müssen.

---

[21] Karl Marx, Das Kapital, Bd. 1, S. 181f

Lotto mit 1 zu 15 Millionen Gewinnchance oder Ratespiele im Fernsehen haben viel mit dem Prinzip Hoffnung zu tun, erklären aber nicht, wie es einige schaffen, nicht nur Millionär, sondern sogar Milliardär zu werden, während andere mit ihrer Rente nicht auskommen oder am Monatsende regelmäßig einen Kontoleerstand verbuchen.

Der einfache Warenhandel erklärt dieses Phänomen auch nicht. Da kann ich mich noch so anstrengen, geschickt oder raffiniert sein: Warenhandel ist Äquivalententausch, das heißt, der über die gesellschaftlich notwendige Arbeitszeit gemessene Wert meiner Arbeitsprodukte tauscht sich vermittelt über das Geld gegen einen entsprechenden Wert eines anderen Arbeitsproduktes. »Ein Mann, der viel Wein und kein Getreide besitzt, handelt mit einem Mann, der viel Getreide und keinen Wein besitzt, und zwischen ihnen wird ausgetauscht Weizen zum Wert von 50 gegen einen Wert von 50 in Wein. Dieser Austausch ist keine Vermehrung des Tauschwerts, weder für den einen noch für den andren; denn bereits vor dem Austausch besaß jeder von ihnen einen Wert gleich dem, den er sich vermittelst dieser Operation verschafft hat ... Derselbe Wert, d.h. dasselbe Quantum vergegenständlichter gesellschaftlicher Arbeit, bleibt in der Hand desselben Warenbesitzers in Gestalt erst seiner Ware, dann des Geldes, worin sie sich verwandelt, endlich der Ware, worin sich dies Geld rückverwandelt. Dieser Formwechsel schließt keine Änderung der Wertgröße ein... In seiner reinen Gestalt ist er ein Austausch von Äquivalenten, also kein Mittel, sich an Wert zu bereichern.«[22] Selbst wenn ich in der Konkurrenz erfolgreich bin – was ja nicht nur von mir, sondern ebenso von meinen Konkurrenten abhängt –, begrenzt daher im einfachen Warenhandel meine eigene Arbeitszeit und Produktivität die Menge an Geld, die ich verdienen kann. Im Vergleich zu den notwendigen Verlierern der Konkurrenz ist das schon ein Erfolg, aber Milliardär wird man so nicht.

Übers Ohr hauen, bescheißen und betrügen, also versuchen, seine Waren durch geschickte Verschleierung des Gebrauchswerts über ihrem Wert zu verkaufen, ist das tägliche Geschäft, das aus dem Gegensatz zwischen Verkäufer und Käufer resultiert. Aber richtig reich wird man darüber nicht. Die Kunden sind ja auch nicht blöd. Bei wem man sich betrogen fühlt, da kauft man nicht mehr. Und Diebstahl oder Raub werden von der Polizei verfolgt. Milliardäre haben das nicht nötig, sie können sich marktkonform verhalten, weil sie über eine bessere Methode verfügen.

---

22 Karl Marx, Das Kapital, Bd.1, S. 171ff

In der Marktwirtschaft gibt es nämlich ein erlaubtes und sogar ehrenwertes Mittel, um sich zu bereichern. Es ist so einfach wie einleuchtend: Man lässt andere für sich arbeiten. Wenn die Menge an Geld, die ich über den einfachen Warenhandel verdienen kann, durch mein eigenes Arbeitsvermögen und meine eigene Arbeitszeit begrenzt ist, dann kann ich mein Einkommen grenzenlos vermehren, wenn ich es schaffe, andere für mich arbeiten zu lassen.

Wenn zehn Menschen für mich arbeiten und mir der Wert ihrer Arbeit zusteht, kommt mein Reichtum natürlich ganz anders voran, als wenn ich auf mich selbst verwiesen bin. Was in der Sklaverei oder in der feudalistischen Leibeigenschaft über direkten Zwang gelöst wurde, geschieht in der Marktwirtschaft, indem die Arbeitskraft zur Ware wird. Wenn ich als Arbeitgeber jemanden anstelle, kaufe ich seine Arbeitskraft. Wie beim normalen Warenhandel gilt auch hier das Gesetz des Warenaustausches, allerdings mit einer interessanten Besonderheit. Die Arbeitskraft, die zu ihrem Wert auf dem Arbeitsmarkt gekauft wird, schafft durch ihre Anwendung selbst Wert. Der Käufer der Arbeitskraft nutzt daher die Differenz zwischen dem Wert der Arbeitskraft, für die er bezahlt hat, und dem durch die Anwendung der fremden Arbeitskraft erzeugten Wert, den er in Geld einlösen kann. Interessant ist das natürlich nur, wenn der Wert der Arbeitskraft niedriger ist als der Wert, den der Käufer der Arbeitskraft sich über die Intensität und Zeitdauer ihrer Anwendung aneignet.

Mit einer Investition in Rohstoffe, z.B. im Wert von 50 Geldeinheiten, plus den Wert von Werkzeugen oder Maschinen entsprechend ihrer zeitlichen Abnutzung, z.B. anteilig 30 Geldeinheiten und zwei Stunden Arbeitszeit mit einem Wert von z.B. 40 Geldeinheiten,

könnten für einen Wert von 120 Geldeinheiten irgendwelche nützlichen Dinge hergestellt werden, sagen wir
Schuhe, Lebensmittel, Bücher oder was auch immer.
So nützlich die Schuhe auch wären, so unsinnig wäre
es marktwirtschaftlich betrachtet, diese Schuhe zu ihrem Wert von 120 zu verkaufen. 120 Geldeinheiten zu
investieren, um 120 Geldeinheiten auf dem Markt zu
erlösen, hat zwar einen nützlichen Gebrauchsgegenstand geschaffen, ist aber vom Standpunkt des Inves-
tors, der sein Geld vermehren will, ein Misserfolg. Der
Unternehmer will ja »nicht nur einen Gebrauchswert
produzieren, sondern eine Ware, nicht nur Gebrauchswert, sondern Wert, und nicht nur Wert, sondern auch Mehrwert.«[23] Die Lösung ist, wie bereits
ausgeführt, die wertschaffende Qualität der Arbeitskraft. Wenn man, statt die zwei Stunden *Arbeitszeit* zu
ihrem Wert zu bezahlen, die *Arbeitskraft* für einen ganzen Tag, z.B. für 80 Geldeinheiten, kauft und sie acht
Stunden anwendet, fügt die Arbeitskraft im obigen
Beispiel einen Wert von 160 Geldeinheiten hinzu, für
die man nur 80 Geldeinheiten bezahlen muss. Das
lohnt sich! Zumindest für den Arbeitgeber. Für den
Arbeitnehmer bedeutet dieses Produktionsverhältnis,
dass er z.B. die Hälfte der Woche für sich und seine
Reproduktion und die andere Hälfte der Woche für
den Arbeitgeber arbeitet. »Aber dies ist nicht sichtbar.

---

[23] Karl Marx, Das Kapital, Bd. 1, S. 201

Mehrarbeit und notwendige Arbeit verschwimmen ineinander.«[24] »Der eine Kontrahent verkauft seine Arbeitskraft, der andere kauft sie. Der erstere empfängt den Wert seiner Ware, deren Gebrauchswert – die Arbeit – damit an den zweiten veräußert ist. Dieser verwandelt nunmehr ihm bereits gehörende Produktionsmittel mit Hilfe von ihm ebenfalls gehörender Arbeit in ein neues Produkt, das ihm ebenfalls von Rechts wegen gehört. [...] Der Wert des neuen Produkts schließt ferner ein: das Äquivalent des Werts der Arbeitskraft und einen Mehrwert. Und zwar deshalb, weil die für einen bestimmten Zeitraum, Tag, Woche etc., verkaufte Arbeitskraft weniger Wert besitzt, als ihr Gebrauch während dieser Zeit schafft. Der Arbeiter aber hat den Tauschwert seiner Arbeitskraft bezahlt erhalten und hat damit ihren Gebrauchswert veräußert – wie das bei jedem Kauf und Verkauf der Fall. Dass diese besondere Ware Arbeitskraft den eigentümlichen Gebrauchswert hat, Arbeit zu liefern, also Wert zu schaffen, das kann das allgemeine Gesetz der Warenproduktion nicht berühren. Wenn also die in Arbeitslohn vorgeschossene Wertsumme sich im Produkt nicht bloß einfach wieder vorfindet, sondern um einen Mehrwert vermehrt vorfindet, so rührt dies nicht her aus einer Übervorteilung des Verkäufers, der

---

[24] Karl Marx, Das Kapital, Bd. 1, S. 251

74

ja den Wert seiner Ware erhalten, sondern nur aus dem Verbrauch dieser Ware durch den Käufer.«[25]

Die Marktwirtschaft setzt unter Wahrung der gleichen Rechte und Freiheiten aller Warenbesitzer auf die Verfolgung des Eigennutzes als Triebfeder der gesellschaftlichen Produktion. Dass der eine nur seine eigene Arbeitskraft anzubieten hat, der andere sein Kapital, ist daher keine Ungerechtigkeit, sondern die Grundlage des ganzen marktwirtschaftlichen Produktionsverhältnisses. »Der Wert der Arbeitskraft und ihre Verwertung im Arbeitsprozess sind zwei verschiedene Größen. Diese Wertdifferenz hatte der Kapitalist

---

[25] Karl Marx, Das Kapital, Bd. 1, S. 610-611

im Auge, als er die Arbeitskraft kaufte. […] Der Umstand, dass die tägliche Erhaltung der Arbeitskraft (z.B.) nur einen halben Arbeitstag kostet, obgleich die Arbeitskraft einen ganzen Tag wirken, arbeiten kann, dass daher der Wert, den ihr Gebrauch während eines Tags schafft, doppelt so groß ist als ihr eigener Tageswert, ist ein besonderes Glück für den Käufer, aber durchaus kein Unrecht gegen den Verkäufer.«[26]

Die Armut der Mehrheit der Bevölkerung, ihr Ausschluss von den Produktionsmitteln, ist damit die Grundvoraussetzung des kontinuierlichen marktwirtschaftlichen Produktionsprozesses. Wirtschaftswachstum kommt in der Marktwirtschaft darüber zustande, dass Besitzer von Produktionsmitteln andere für sich arbeiten lassen und nach dem erfolgreichen Verkauf der Waren den für ihren eigenen Konsum nicht benötigten Teil des rechtmäßig angeeigneten Mehrwertes wieder in Produktionsmittel und Arbeitskräfte investieren, um darüber auf erweiterter Stufenleiter ihren Privatreichtum zu vermehren. Mit dem Kauf der Ware Arbeitskraft verwandelt sich das Geld der Produktionsmittelbesitzer in Kapital. In der einfachen Warenzirkulation war der Zweck der Warenproduktion der Tauschwert, das Geld als allgemeines Äquivalent, um

---

26 Karl Marx, Das Kapital, Bd. 1, S. 208

sich hierüber Zugang zu den in Warenform vorliegenden Reichtümern zu verschaffen. Der Ausgangspunkt war die eigene Ware, die über Geld in eine andere Ware getauscht werden konnte (W-G-W). Mit der Möglichkeit, Arbeitskräfte zu kaufen, also einer Ware, die selbst wertschaffend ist, wird das Geld als Kapital zum Ausgangspunkt der Zirkulation. Nun wird die Zirkulation des Geldes als Kapital zum Selbstzweck, Geld kauft Arbeitskraft, um mehr Geld zu realisieren (G-W-G'). Die Verwertung des Werts existiert nur innerhalb dieser stets erneuerten Bewegung. Die Bewegung des Kapitals ist daher maßlos. Genauso wie der Gebrauchswert nie unmittelbarer Zweck des Warenproduzenten ist, so auch nicht der einzelne Gewinn, sondern nur die rastlose Bewegung des Gewinnens. Als bewusster Träger dieser Bewegung wird der Geldbesitzer Kapitalist.[27]

»Anwendung von Mehrwert als Kapital oder Rückverwandlung von Mehrwert in Kapital heißt Akkumulation des Kapitals. […] Um zu akkumulieren, muss man einen Teil des Mehrprodukts in Kapital verwandeln. Eigentum an vergangener unbezahlter Arbeit erscheint jetzt als die einzige Bedingung für gegenwärtige Aneignung lebendiger unbezahlter Arbeit in stets

---

[27] Karl Marx, Das Kapital, Bd. 1, S. 161f.

wachsendem Umfang. Je mehr der Kapitalist akkumuliert hat, desto mehr kann er akkumulieren. [...] Der beständige Kauf und Verkauf der Arbeitskraft ist die Form. Der Inhalt ist, dass der Kapitalist einen Teil der bereits vergegenständlichten fremden Arbeit, die er sich unaufhörlich ohne Äquivalent aneignet, stets wieder gegen größeres Quantum lebendiger fremder Arbeit umsetzt.«[28] Dabei »macht die Entwicklung der kapitalistischen Produktion eine fortwährende Steigerung des in einem industriellen Unternehmen angelegten Kapitals zur Notwendigkeit, und die Konkurrenz herrscht jedem individuellen Kapitalisten die immanenten Gesetze der kapitalistischen Produktionsweise als äußere Zwangsgesetze auf. Sie zwingt ihn, sein Kapital fortwährend auszudehnen, um es zu erhalten und ausdehnen kann er es nur vermittelst progressiver Akkumulation.«[29]

Der Tellerwäscher, der zum Millionär wird und damit selbst andere für sich arbeiten lassen kann, bestätigt in diesem Produktionsverhältnis als Ausnahme von der Regel nichts anderes als die Regel. Die Regel ist, dass der Arbeitnehmer, der seine Arbeitskraft verkaufen muss, weil er keine eigenen Produktionsmittel besitzt, auch nach dem Produktionsprozess über nichts als

---

[28] Karl Marx, Das Kapital, Bd. 1, S. 605ff
[29] Karl Marx, Das Kapital, Bd. 1, S. 618

seine Arbeitskraft verfügt und daher diese erneut verkaufen muss, um an die notwendigen Lebensmittel zu gelangen. Die Regel ist, dass die Unternehmer den Teil des über den Produktionsprozess angeeigneten Mehrwertes, der für den eigenen Konsum nicht benötigt wird, in den vermehrten Kauf fremder Arbeitskraft investieren können, um hierüber den ihnen zustehenden Mehrwert zu steigern. So werden die Reichen mit dem marktwirtschaftlichen Wirtschaftswachstum zwangsläufig reicher und die Armen zwangsläufig ärmer. »Der kapitalistische Produktionsprozess […] produziert also nicht nur Ware, nicht nur Mehrwert, er produziert und reproduziert das Kapitalverhältnis selbst, auf der einen Seite den Kapitalisten, auf der andren den Lohnarbeiter.« [30]

JEDER IST SEINES GLÜCKES SCHMIED!

[30] Karl Marx, Das Kapital, Bd. 1, S. 596 ff

Ob man das ökonomische Verhältnis zwischen »Arbeitgeber« und »Arbeitnehmer« Klassengegensatz oder Sozialpartnerschaft nennen will, ändert an dem gegensätzlichen Verhältnis nichts. Wer in der Marktwirtschaft, in der Bedürfnisse nur zählen, wenn man dafür bezahlen kann, lediglich über seine eigene Arbeitskraft als Ware verfügt, wird gemessen an der Reichtumsproduktion der Gesellschaft nicht reich. Am Ende des Monats ist vom Verkauf der Arbeitskraft trotz Spülmaschine und iPhone nicht mehr genug übrig, um leben zu können. Der Arbeitnehmer ist daher erneut darauf verwiesen, seine Arbeitskraft an jemanden zu verkaufen, der sich darüber bereichern will. Das mag solange relativ gut gehen, bis er nicht mehr gebraucht wird, er sich nicht mehr rechnet, wie es so schön heißt. Krankheit und Alter kann sich ein abhängig Beschäftigter in der Marktwirtschaft selbst in den reichsten Industrieländern der Welt nicht leisten. So passen Volkselend und Nationalreichtum zusammen oder besser gesagt: Die Not, seine Arbeitskraft verkaufen zu müssen, ist in der Marktwirtschaft die Grundlage für die Produktion. Ohne die Möglichkeit, sich durch die Anwendung fremder Arbeit zu bereichern, wird nämlich nicht produziert. Das lohnt sich ja nicht.

Kann gerechte Bezahlung Ausbeutung sein?

»Auf der Oberfläche der bürgerlichen Gesellschaft erscheint der Lohn des Arbeiters als Preis der Arbeit, ein bestimmtes Quantum Geld, das für ein bestimmtes Quantum Arbeit gezahlt wird. [...] Auf dieser Erscheinungsform, die das wirkliche Verhältnis unsichtbar macht und grade sein Gegenteil zeigt, beruhen alle Rechtsvorstellungen des Arbeiters wie des Kapitalisten, alle Mystifikationen der kapitalistischen Produktionsweise, alle ihre Freiheitsillusionen, alle apologetischen Flausen der Vulgärökonomie.«[31]

Mit der auf die Zeit bezogenen Entlohnung wird scheinbar die Arbeitszeit bezahlt. Je länger gearbeitet wird, desto mehr wird bezahlt. Bei über die Normalarbeitszeit hinausgehender Arbeit werden sogar Überstundenzuschläge bezahlt. Beim Stücklohn sieht es auf den ersten Blick so aus, als ob der Preis der Arbeit durch die Leistungsfähigkeit des Produzenten bestimmt werde. Das Produkt der Arbeit wird bezahlt, je mehr produziert wird, desto mehr Geld gibt es.

Wäre das der Fall, dann müsste die arbeitende Bevölkerung ihre gesamte, im jeweiligen Monat oder Jahr geschaffene Produktionsleistung kaufen können. Aber

---

[31] Karl Marx, Das Kapital, Bd. 1, S. 557 und S. 562

wo kommen denn dann die Gewinne her? Wie war das noch einmal? Wie wird man Milliardär? Wenn ich als Handwerker zehn Stunden arbeite, kann ich die Produkte meiner Arbeit als Waren auf dem Markt zum Wert der gesellschaftlich notwendigen Arbeitszeit gegen ein Äquivalent in Form von Geld verkaufen. Ich kann so andere Waren zum Wert der für ihre Herstellung gesellschaftlich notwendigen Arbeitszeit kaufen. Milliardär werde ich so nicht. Wenn ich andere für mich arbeiten lasse und ihnen ihre Arbeitszeit, also den Wert der von ihnen hergestellten Produkte bezahle, werde ich auch nicht Milliardär. Ich investiere eine bestimmte Summe Geld in Produktionsmittel und Arbeitskräfte und bekomme die gleiche Summe auf dem Markt, wenn ich die Produkte zu ihrem Wert verkaufe. Einfach über dem Wert zu verkaufen, wäre natürlich schön, lässt die Konkurrenz aber gewöhnlich nicht zu. Und wenn alle z.B. 10% über Wert verkaufen, ist auch nichts gewonnen, das Geld ist schlicht weniger Wert. Wie man sich dreht und wendet, die Differenz zwischen dem Wert der Ware Arbeitskraft und dem über ihre Anwendung angeeigneten Wert ist der Schlüssel zum Glück. »Was dem Geldbesitzer auf dem Warenmarkt direkt gegenübertritt, ist in der Tat nicht die Arbeit, sondern der Arbeiter. Was letzterer verkauft, ist seine Arbeitskraft. Sobald seine Arbeit wirklich beginnt, hat sie bereits aufgehört, ihm zu gehören, kann also nicht mehr von ihm verkauft werden.«[32] Allein die Illusion der Lohnform, lässt es so erscheinen, als würde alle Arbeit bezahlt. »Die Form des Arbeitslohns löscht jede Spur der Teilung des Arbeitstags in notwendige Arbeit und Mehrarbeit, in bezahlte und unbezahlte Arbeit aus. Alle Arbeit erscheint als bezahlte Arbeit.«[33] Indem der Kauf der *Arbeitskraft* einfach Bezahlung der *Arbeit* genannt wird, wird so getan, als würde der Lohn dem gesamten neu geschaffenen Produktwert entsprechen. Die Illusion, die durch die Bezahlungsform hervorgerufen wird, verschwindet allerdings sofort, sobald statt des einzelnen Kapitalisten und des einzelnen Arbeiters Kapitalistenklasse und Arbeiterklasse betrachtet werden. Die Gesamtsicht zeigt nämlich, dass die eine ökonomische Klasse sich das Gesamtprodukt aneignet und nur einen Teil davon zurückgibt.

Während bei der Sklavenarbeit oder dem Frondienst des Leibeigenen die unbezahlte Arbeit offen lag, ist über das Geld das Umsonstarbeiten des Lohn- bzw. Gehaltsempfängers verborgen. Mit 2000, 3000 oder 4000 € Monatsgehalt ist alles abgegolten. Ob das Gehalt dann auf Basis eines festgesetzten »Normalakkords« pro Stück umgerechnet wird oder auf eine 35-,

---

[32] Karl Marx, Das Kapital, Bd. 1, S. 559
[33] Karl Marx, Das Kapital, Bd. 1, S. 562

40- oder 45-Stundenwoche verteilt wird, ist einfache Mathematik. Die Höhe der Bezahlung regelt auf der Grundlage der Konkurrenz der mittellosen Arbeitnehmer der Markt über Angebot und Nachfrage. Wie viel produziert wird und wie hoch der Gewinn pro Stück, wie hoch also die Wertschöpfung der Arbeit ist, wäre bei der Gehaltsverhandlung im Vorstellungsgespräch sicherlich die falsche Frage. Der feine Unterschied, ob die Arbeit oder die Arbeitskraft bezahlt wird, ist gar kein Thema, obwohl die ständigen Forderungen der Arbeitgeber nach einer Verlängerung des Arbeitstages ohne Lohnausgleich oder die Bemühungen, mit Produktionsverlagerungen in Billiglohnländer das Verhältnis von Aufwand und Gewinn zu verbessern, eine eindeutige Antwort geben, für die, die es wissen wollen.

Die Arbeitskräfte konkurrieren auf dem Arbeitsmarkt um den Verkauf ihres Arbeitsvermögens. Der marktwirtschaftliche Wert ihrer Arbeitskraft bestimmt sich über die zu ihrer Wiederherstellung »notwendigen« Lebensmittel. Warum soll der Arbeitgeber mehr bezahlen als diesen Wert? Warum soll er das Produkt ihrer Arbeit bezahlen statt des niedrigeren Werts ihrer Arbeitskraft? Die Arbeitgeber sind doch nicht blöd. Dabei muss der Arbeitgeber selbst noch nicht einmal wissen, dass der Arbeitslohn »ein bestimmtes Quan-

tum unbezahlter Arbeit einschließt und ebendiese unbezahlte Arbeit die normale Quelle seines Gewinns ist.
Die Kategorie der Mehrarbeitszeit existiert überhaupt
nicht für ihn, denn sie ist eingeschlossen im normalen
Arbeitstag, den er im Taglohn zu zahlen glaubt.«[34] Die
Möglichkeit, auf dem Arbeitsmarkt Arbeitskräfte ein-
zukaufen, sie für sich arbeiten zu lassen und das Produkt ihrer Arbeit mit Gewinn zu verkaufen, reicht völlig aus. Da ist es doch egal, ob man die Arbeitskraft
oder die Arbeit bezahlt hat. Wen interessiert denn das
überhaupt?

---

[34] Karl Marx, Das Kapital, Bd. 1, S. 572

Wo kommen ursprünglich die Kapitalisten her?

»Eins jedoch ist klar. Die Natur produziert nicht auf der einen Seite Geld- oder Warenbesitzer und auf der andren bloße Besitzer der eignen Arbeitskraft. Dies Verhältnis ist kein naturgeschichtliches und ebenso wenig ein gesellschaftliches, das allen Geschichtsperioden gemein wäre. Es ist offenbar selbst das Resultat einer vorhergegangenen historischen Entwicklung, das Produkt vieler ökonomischer Umwälzungen, des Untergangs einer ganzen Reihe älterer Formationen der gesellschaftlichen Produktion.«[35]

»In einer längst verflossenen Zeit gab es auf der einen Seite eine fleißige, intelligente und vor allem sparsame Elite und auf der anderen faulenzende, ihr alles und mehr verjubelnde Lumpen. ... So kam es, dass die ersten Reichtum akkumulierten und die letzteren schließlich nichts zu verkaufen hatten als ihre eigene Haut. Und von diesem Sündenfall datiert die Armut der großen Masse, die immer noch, aller Arbeit zum Trotz, nichts zu verkaufen hat als sich selbst, und der Reichtum der wenigen, der fortwährend wächst, obgleich sie längst aufgehört haben zu arbeiten.«[36] Wer es so sehen möchte, kann sich die Welt so zurechtlegen. »In der

---

[35] Karl Marx, Das Kapital, Bd. 1, S. 183
[36] Karl Marx, Das Kapital, Bd. 1, S. 741f

wirklichen Geschichte spielen bekanntlich Eroberung, Unterjochung, Raubmord, kurz Gewalt die große Rolle.«[37]

---

[37] Karl Marx, Das Kapital, Bd. 1, S. 742

Ein Blick zurück ins 15. bis 17. Jahrhundert gibt hier einige Anhaltspunkte.

Im Zuge der aufkommenden Industrialisierung löste die Marktwirtschaft in fast allen europäischen Ländern in diesem Zeitraum die bestehenden feudalistischen Herrschafts- und Produktionsverhältnisse ab. Im Feudalismus hatte der Adel – diverse Grafen, Fürsten und Könige und deren Familienclans – den Landbesitz unter sich aufgeteilt. Ihr Mittel war der Krieg. Zum Kriegsdienst waren Vasallen verpflichtet, denen im Gegenzug das Nutzungsrecht für das Land inklusive aller darauf lebender Menschen übertragen wurde. Der überwiegende Teil der Bevölkerung bestand aus Bauern, die als Leibeigene nicht das Recht hatten, das von ihnen bestellte Land zu verlassen. Sie waren der Rechtsprechung des Herrn unterworfen und schuldeten dem Grundherren Frondienste, das heißt Abgaben in Form von Arbeitsleistungen oder Naturalabgaben. Die zu Gilden und Zünften zusammengeschlossene bürgerliche Oberschicht gewann über Handels- und Geldverleihgeschäfte zunehmend an Macht. Mit dem Beginn der Industrialisierung kämpfte das Bürgertum unter der Parole Freiheit und Gleichheit gegen die Exklusivität der von Adel beanspruchten Eigentumsrechte, beseitigte in den bürgerlichen Revolutionen die »Unfreiheit des Feudalismus« und ersetze diese durch die heute als Menschenrechte geltenden Bürgerrechte.

Für die Mehrheit der Bevölkerung wurden die sogenannten Menschenrechte von Freiheit und Gleichheit der Person sowie das allgemeine Recht auf Eigentum jedoch zu einem zweischneidigen Schwert. Zum Beispiel in England, wo im 15. Jahrhundert die ungeheure Mehrzahl der Bevölkerung noch aus selbstwirtschaftenden Bauern bestand. Mit dem Aufblühen der flandrischen Wollmanufaktur wurde die Verwandlung von Ackerland in Schafsweide zum Losungswort. Während bis ins 15. Jahrhundert noch auf ca. 1000 Hektar Viehweide 3000 bis 4000 Hektar Ackerland kamen, waren es ab Mitte des 16. Jahrhunderts 3000 Hektar Viehweide auf 1000 Hektar Ackerland. Wo sind die Menschen geblieben, die vom Ackerbau lebten? Um der lukrativeren Viehweide Platz zu machen, wurden sie vertrieben und ihre Häuser gewaltsam niedergerissen oder dem Verfall geweiht. Ähnlich wurden über ganz Europa massenhaft Menschen von ihren Produktionsmitteln getrennt und als mittellose Arbeitskräfte auf den sich parallel entwickelnden industriellen Arbeitsmarkt geworfen. Frei und mittellos war ihr neuer Zustand. Aber die Einsicht, ihre Arbeitskraft regelmäßig, Tag für Tag und zu nahezu allen, auch noch so ungesunden Bedingungen zu verkaufen, war damit noch nicht geboren. »Die durch Auflösung der feudalen Gefolgschaften und durch stoßweise, gewaltsame Expropriation von Grund und Boden Verjagten, dies vogelfreie Proletariat konnte unmöglich ebenso rasch von der aufkommenden Manufaktur absorbiert werden, als es auf die Welt gesetzt ward. Andrerseits konnten die plötzlich aus ihrer gewohnten Lebensbahn Herausgeschleuderten sich nicht ebenso plötzlich in die Disziplin des neuen Zustandes finden. Sie verwandelten sich massenhaft in Bettler, Räuber, Vagabunden, zum Teil aus Neigung, in den meisten Fällen durch den Zwang der Umstände. Ende des 15. und während des ganzen 16. Jahrhunderts gab es daher in ganz Westeuropa eine Blutgesetzgebung wider Vagabundage.«[38]

»Heinrich VIII, 1530: Alte und arbeitsunfähige Bettler erhalten eine Bettellizenz. Dagegen Auspeitschung und Einsperrung für handfeste Vagabunden. Sie sollen an einen Karren hinten angebunden und gegeißelt werden, bis das Blut von ihrem Körper strömt, dann einen Eid schwören, zu ihrem Geburtsplatz oder dorthin, wo sie die letzten drei Jahre gewohnt, zurückzukehren und sich an die Arbeit zu setzen. […] Bei zweiter Ertappung auf Vagabundage soll die Auspeitschung wiederholt und das halbe Ohr abgeschnitten, bei drittem Rückfall aber der Betroffene als schwerer Verbrecher und Feind des Gemeinwesens hingerichtet werden. […]

---

[38] Karl Marx, Das Kapital, Bd. 1, S. 761-762

Elisabeth, 1572: Bettler ohne Lizenz und über 14 Jahre alt sollen hart gepeitscht und am linken Ohrlappen gebrandmarkt werden, falls sie keiner für zwei Jahre in Dienst nehmen will; im Wiederholungsfall, wenn über 18 Jahre alt, sollen sie hingerichtet werden [...]

Jakob I.: Eine herumwandernde und bettelnde Person wird für einen Landstreicher und Vagabunden erklärt. Die Friedensrichter in den Petty Sessions sind bevollmächtigt, sie öffentlich auspeitschen zu lassen und bei erster Ertappung 6 Monate, bei zweiter 2 Jahre ins Gefängnis zu sperren. Während des Gefängnisses soll sie so oft und so viel gepeitscht werden, als die Friedensrichter für gut halten [...] Die unverbesserlichen und gefährlichen Landstreicher sollen auf der linken Schulter mit R gebrandmarkt und an die Zwangsarbeit gesetzt, und wenn man sie wieder auf dem Bettel ertappt, ohne Gnade hingerichtet werden [...]

Ähnliche Gesetze in Frankreich. Noch in der ersten Zeit Ludwigs XVI. (Ordonnanz vom 13. Juli 1777) sollte jeder gesund gebaute Mensch vom 16. bis 60. Jahr, wenn ohne Existenzmittel und Ausübung einer Profession, auf die Galeeren geschickt werden.«[39]

---

[39] Karl Marx, Das Kapital, Bd. 1, S. 762ff

»Es kostet Jahrhunderte, bis der »freie« Arbeiter infolge entwickelter kapitalistischer Produktionsweise sich freiwillig dazu versteht, d.h. gesellschaftlich gezwungen ist, für den Preis seiner gewohnheitsmäßigen Lebensmittel seine ganze aktive Lebenszeit, ja seine Arbeitsfähigkeit selbst […] für ein Gericht Linsen zu verkaufen. … Noch während des größten Teils des 18. Jahrhunderts, bis zur Epoche der großen Industrie, war es dem Kapital in England nicht gelungen, durch Zahlung des wöchentlichen Werts der Arbeitskraft sich der ganzen Woche des Arbeiters […] zu bemächtigen. Der Umstand, dass sie eine ganze Woche mit dem Lohn von 4 Tagen leben konnten, schien den Arbeitern kein hinreichender Grund, auch die andren zwei Tage für den Kapitalisten zu arbeiten.«[40]

Wenn man von der Geschichte absieht bzw. nur einen Aspekt der Verwandlung der Mehrheit der Bevölkerung in Lohnarbeiter betrachtet, dann erscheint diese Verwandlung als ihre Befreiung von Leibeigenschaft und Zunftzwang. Diese Seite kann man in unseren Geschichtsbüchern ausführlich nachlesen. Sie wird gefeiert als bürgerliche Revolution und Verankerung der auch heute für die soziale Marktwirtschaft geltenden Menschenrechte: Freiheit, Gleichheit und das allgemeine Recht auf Eigentum.

---

[40] Karl Marx, Das Kapital, Bd. 1, S. 287ff

»Andererseits aber werden diese Neubefreiten erst Verkäufer ihrer selbst, nachdem ihnen alle ihre Produktionsmittel und alle durch die alten feudalen Einrichtungen gebotenen Garantien ihrer Existenz geraubt sind.«[41] Als gleichberechtigte Warenverkäufer sind sie frei, das anzubieten, was sie haben, ihre Arbeitskraft. Dabei schafft die Trennung des Produzenten von seinen Produktionsmitteln mit der Freisetzung von notwendigen Lebens- und Arbeitsmitteln zugleich den inneren Warenmarkt. Die Lebensmittel und Rohstoffe, die früher eine Bauernfamilie erzeugte, um sie nachher größtenteils selbst zu verzehren, diese Rohstoffe und Lebensmittel sind jetzt Waren, Geschäftsmittel für andere geworden. Um nun in ihren Besitz zu kommen, muss man in Konkurrenz das verkaufen, was man noch hat – die eigene Arbeitskraft. Damit die Arbeitskraft selbst überhaupt zur Ware wird, bedarf es also einer doppelten Freiheit. Zunächst muss ihr Besitzer über sie verfügen können, also freier Eigentümer seines Arbeitsvermögens, seiner Person sein. Darüber hinaus ist aber die zweite wesentliche Bedingung erforderlich, damit jemand seine Arbeitskraft »freiwillig« an einen Geldbesitzer verkauft: Ihr Besitzer darf über keine eigenen Produktionsmittel oder Waren verfügen, die er statt seiner eigenen Arbeitskraft verkaufen könnte. »Zur Verwandlung von

---

41 Karl Marx, Das Kapital, Bd. 1, S. 743

Geld in Kapital muss der Geldbesitzer also den freien Arbeiter auf dem Warenmarkt vorfinden, frei in dem Doppelsinn, dass er als freie Person über seine Arbeitskraft als seine Ware verfügt, dass er andrerseits andre Waren nicht zu verkaufen hat, los und ledig, frei ist von allen zur Verwirklichung seiner Arbeitskraft nötigen Sachen. Die Frage, warum dieser freie Arbeiter ihm in der Zirkulationssphäre gegenübertritt, interessiert den Geldbesitzer nicht, der den Arbeitsmarkt als eine besondre Abteilung des Warenmarkts vorfindet.«[42] Im Gegensatz zum gesellschaftlichen kollektiven Eigentum an Arbeits- und Produktionsmitteln müssen die erforderlichen Mittel also Privatleuten gehören und somit andere ausschließen. Privateigentum muss gesellschaftspolitisch durchgesetzt sein. Und hier geht es nicht um die eigene Zahnbürste oder sonstige Lebens- und Konsummittel, sondern um Rohstoffe, Werkzeuge, Maschinen und ganze Fabriken.

»Die Entdeckung der Gold- und Silberländer in Amerika, die Ausrottung, Versklavung und Vergrabung der eingeborenen Bevölkerung in die Bergwerke, die beginnende Eroberung und Ausplünderung von Ostindien, die Verwandlung von Afrika in ein Geheg zur

---

[42] Karl Marx, Das Kapital, Bd. 1, S. 183

Handelsjagd auf Schwarzhäute bezeichnen die Mor-
genröte der kapitalistischen Produktionsära. Diese
idyllischen Prozesse sind Hauptmomente der ursprünglichen Akkumulation. ... Der außerhalb Europa direkt durch Plünderung, Versklavung und Raubmord erbeutete Schatz floss ins Mutterland zurück
und verwandelte sich hier in Kapital.«[43]

Die sogenannte ursprüngliche Akkumulation – die
Trennung des Produzenten von seinen Produktionsmitteln, der Verkauf seiner Arbeitskraft und über den
Kauf der Arbeitskraft die Verwandlung von Geld in
Kapital – ist historisch nicht gewaltfrei abgelaufen. Es
ginge jedoch an der Sache vorbei, an dieser Stelle
nachträgliche Gerechtigkeit zu fordern. Wo die Kapitalisten ursprünglich den Reichtum herhaben bzw. wie
die Verteilung der Produktionsmittel vorgenommen
wurde, ändert schließlich am Zweck des Produktionsverhältnisses nichts. Mit dem Recht auf Eigentum an
Produktionsmitteln und damit dem Zwang der Konkurrenz, mit der Anwendung der Arbeitskraft rücksichtslos, aber produktiv und effizient umzugehen, um
möglichst viel Geld zu erwirtschaften, das wieder als
Kapital investiert und vermehrt werden kann, sind die
Menschen und ihre Bedürfnisse nur noch Mittel zum
Zweck der Kapitalvermehrung. Bezogen auf den

---

[43] Karl Marx, Das Kapital, Bd. 1, S. 779ff

Zweck der Marktwirtschaft sind ihre Resultate dann alles andere als ungerecht. Sie schmücken sich zu Recht mit den sogenannten Menschenrechten: Freiheit, Gleichheit und Eigentum. »Freiheit! Denn Käufer und Verkäufer einer Ware, z.B. der Arbeitskraft, sind nur durch ihren freien Willen bestimmt. Sie kontrahieren als freie, rechtlich ebenbürtige Personen [...] Gleichheit! Denn sie beziehen sich nur als Warenbesitzer aufeinander und tauschen Äquivalent für Äquivalent. Eigentum! Denn jeder verfügt nur über das Seine.«[44]

Nachdem die Geburtswehen der ursprünglichen Akkumulation überwunden waren, entwickelte sich mit der Etablierung der sozialen Marktwirtschaft eine Klasse abhängig beschäftigter Arbeitnehmer, die aus Erziehung, Tradition und Gewohnheit die Anforderungen der marktwirtschaftlichen Produktionsweise inzwischen als selbstverständliche Naturgesetze anerkennt. Die eigene Mittellosigkeit, das heißt der über das Recht auf Eigentum hergestellte Ausschluss von den Produktionsmitteln, zwingt sie jeden Tag aufs Neue, ihre Arbeitskraft als Ware anzubieten. Da nicht

---

[44] Karl Marx, Das Kapital, Bd. 1, S. 190
Zum Inhalt der im Zuge der bürgerlichen Revolutionen durchgesetzten »Menschenrechte« siehe auch: Rainer Roth, Sklaverei als Menschenrecht. Über die bürgerlichen Revolutionen in England, den USA und Frankreich, DVS 2015

alle gebraucht werden oder besser gesagt nicht alle lohnend angewandt werden können und damit Arbeitslosigkeit und Verelendung drohen, bleiben die Ansprü-
che an den Arbeitslohn gemessen am Gewinnan-
spruch des Arbeitgebers realistisch. »Außerökonomi-
sche, unmittelbare Gewalt wird zwar immer noch angewandt, aber nur ausnahmsweise (bei Gesetzesver-
stoß). Für den gewöhnlichen Gang der Dinge kann der
Arbeiter den "Naturgesetzen der Produktion" überlas-
sen bleiben, d.h. seiner aus den Produktionsbedingungen selbst entspringenden, durch sie garantierten und
verewigten Abhängigkeit vom Kapital.«[45]

Inzwischen ist es zur Selbstverständlichkeit geworden,
dass man für andere arbeiten geht, und es ist ebenso
selbstverständlich, dass der, der andere für seinen
Reichtum und zu seinen Bedingungen arbeiten lässt,
als Arbeitgeber geschätzt wird. Wie beim Geld- und
Warenfetisch erscheint das Produktionsverhältnis der
Menschen untereinander als reine Sachnotwendigkeit.
Allein die Größe des Eigentums, über das einer aus
welchem Grund auch immer verfügt, bestimmt darüber, ob Kinder- oder Altersarmut für einen relevant
sind. Verschleiert unter dem Schein ökonomischer
Sachzwänge bestimmt so der Gegensatz zwischen de-

---

[45] Karl Marx, Das Kapital, Bd. 1, S. 765

nen, die über Eigentum an Produktionsmitteln verfügen, und denen, die nur ihr eigenes Arbeitsvermögen verkaufen können, über das tägliche Miteinander. Da unter marktwirtschaftlichen Gesichtspunkten nicht die aufgewendete Zeit und Mühe, sondern nur die für das Arbeiten-Lassen aufgewendete Bezahlung als Aufwand zählen, sind die Bedürfnisse der arbeitenden Bevölkerung immer zu hoch. Da nicht die Bedürfnisse, die man mit den hergestellten Produkten befriedigen kann, sondern der Gewinn der Zweck ist, kann nie genug gearbeitet werden.

Produktionsverlagerung in Niedriglohnländer, Akkordlohn, Vertrauensarbeitszeit, Tarifverhandlungen usw. sind Begriffe aus dem alltäglichen Arbeitsleben, die von dem in der sozialen Marktwirtschaft existierenden Interessengegensatz zeugen. Dem einen geht es um die lohnende Verwertung seines eingesetzten Kapitals, dem anderen um seine persönlichen Lebensbedürfnisse. Aus diesen gegensätzlichen Interessen ergibt sich der Klassenkampf zwischen der Minderheit der Produktionsmittelbesitzer und der Mehrheit der Menschen, die für die Bereicherung der Minderheit arbeiten. Dieser Kampf ist für die Mehrheit der arbeitenden Klasse bereits von Anfang an verloren, solange sie lediglich für Verbesserungen im Rahmen der Marktwirtschaft statt für deren Abschaffung kämpfen.

Der von Anfang an verlorene Klassenkampf

»Der Gebrauch der Arbeitskraft ist die Arbeit selbst. Der Käufer der Arbeitskraft konsumiert sie, indem er ihren Verkäufer arbeiten lässt.«[46]

Nach Adam Smith, dem Begründer der modernen Volkswirtschaftslehre, führt die unsichtbare Hand der Marktkräfte den homo oeconomicus, das rational seinen Eigennutz verfolgende Individuum, ungewollt dazu, zum Wohlstand der Nation beizutragen. Wohlgemerkt, zum Wohlstand der Nation. Was das heißt, kann man an der reichsten Nation der Welt, den USA, studieren – der Nation mit dem höchsten Bruttoinlandsprodukt der Welt und mehr als 40 Millionen Menschen, die laut offizieller Statistik unter die Armutsgrenze fallen.[47]

In der Marktwirtschaft sind Reichtum der Nation und Volkselend kein Widerspruch und das hat seinen

---

[46] Karl Marx, Das Kapital, Bd. 1, S. 192
[47] Im Mai 2018 veröffentlichte der Sonderberichterstatter der Vereinten Nationen für extreme Armut und Menschenrechte, Philip Alston, einen Bericht, der darauf hinweist, dass in den USA 40 Millionen Menschen in Armut und über fünf Millionen Menschen unter Bedingungen der Dritten Welt leben.
https://en.wikipedia.org/wiki/Poverty_in_the_United_States

Grund. Die Armut, die Produktionsmittellosigkeit der Mehrheit der Bevölkerung, ist die notwendige Bedingung für die Verwandlung von Geld in Kapital, sonst würde ja keiner zur privaten Bereicherung eines anderen seine eigene Arbeitskraft verkaufen. Alle möglichen nützlichen Dinge werden marktwirtschaftlich nur hergestellt, wenn der Arbeits- und Produktionsprozess zugleich Verwertungsprozess für das eingesetzte Kapital ist. Der Arbeitgeber investiert in Rohstoffe, Arbeitsmittel und Arbeitskräfte und setzt die Bedingungen für eine möglichst effiziente Vermehrung seines Kapitals. Im Gegensatz zu einer gemeinschaftlich geplanten Wirtschaftsweise, in der Effizienz die Herstellung bestimmter nützlicher Dinge unter Minimierung des persönlichen Aufwands der Produzenten hieße, versteht der Arbeitgeber in der Marktwirtschaft unter Aufwandsreduzierung eine geringere Bezahlung bei gleicher oder ausgedehnter Arbeitszeit. Die Lebensmittel zu reduzieren und den Verschleiß zu erhöhen, ist marktwirtschaftlich effizient im Sinne der erfolgreichen privaten Kapitalvermehrung. Auf der Grundlage dieser gegensätzlichen Interessen drehen sich die Klassenkämpfe im Rahmen der Marktwirtschaft im Wesentlichen um die Länge des Arbeitstages, die Höhe des Lohnes und nicht zuletzt um die Arbeitsplätze selbst.

»Die Zeit, während deren der Arbeiter arbeitet, ist die Zeit, während deren der Kapitalist die von ihm gekaufte Arbeitskraft konsumiert. ... Konsumiert der Arbeiter seine disponible Zeit für sich selbst, so bestiehlt er den Kapitalisten.«

Der Kampf um die Länge des Arbeitstages

»Wenn Sie mir erlauben, sagte mir ein sehr respektabler Fabrikherr, täglich nur 10 Minuten Überzeit arbeiten zu lassen, stecken Sie jährlich 1000 Pfd. St. in meine Tasche.«[48]

Die einfachste Methode, aus der Anwendung der gekauften Arbeitskraft für sich selbst mehr herauszuholen, ist die Verlängerung des Arbeitstages. Aber was ist überhaupt ein Arbeitstag? Wie lange darf eigentlich der Arbeitgeber, der die Arbeitskraft gekauft hat, diese zu seinem Nutzen anwenden? Wie weit kann der Arbeitstag verlängert werden? Wie viel Mehrwert lässt sich also aus der Anwendung der gekauften Arbeitskraft herausholen? Der Arbeitnehmer denkt bei der Beantwortung der Frage an sein Privatleben und seine Gesundheit. Der Arbeitgeber hat seine eigene Sichtweise. Er fragt nicht nach den Privatinteressen oder der Lebensdauer der Arbeiter. Was ihn interessiert, ist einzig und allein das Maximum von Arbeitskraft, das an einem Arbeitstag zu seinem privaten Vorteil genutzt werden kann. Der Kapitalist beruft sich dabei zu Recht auf das Gesetz des Warenaustausches. Er, wie jeder andere Käufer, ist bestrebt, den größtmöglichen

---

[48] Reports of the Inspection of Factories zitiert nach; Karl Marx, Das Kapital, Bd. 1, S. 257

Nutzen aus dem Gebrauchswert seiner Ware heraus-
zuschlagen. Die Länge des Arbeitstages hat jedoch
physische Schranken. Der Tag hat 24 Stunden, der
Mensch braucht Schlaf, muss essen und trinken und
der Körper braucht Erholung von körperlicher und
geistiger Anstrengung. Wenn dies nicht im ausreichen-
den Maße gewährt wird, sind Gesundheitsschäden
oder frühzeitiger Tod die Folge. Die Geschichte des
Kapitalismus von den Anfängen bis heute veranschau-
licht die Dehnbarkeit dieser physischen Schranke bzw.
wie rücksichtslos der Zweck der Geldvermehrung gegenüber den Interessen der arbeitenden Bevölkerung
ist.

»Um 2, 3, 4 Uhr des Morgens werden Kinder von 9
bis 10 Jahren ihren schmutzigen Betten entrissen und
gezwungen, für die nackte Subsistenz bis 10, 11, 12
Uhr nachts zu arbeiten, während ihre Glieder weg-
schwinden, ihre Gestalt zusammenschrumpft, ihre
Gesichtszüge abstumpfen und ihr menschliches We-
sen ganz und gar in einem steinähnlichen Torpor er-
starrt, dessen bloßer Anblick schauderhaft ist. Wir sind
nicht überrascht, dass Herr Mallett und andre Fabri-
kanten auftraten, um Protest gegen jede Diskussion
einzulegen...«[49] »1833, als das englische Parlament in

---

[49] Daily Telegraph vom 17. Januar 1860, zitiert nach: Karl Marx,
Das Kapital, Bd. 1, S. 258

vier Fabrikzweigen den Arbeitstag für Kinder von 13 bis 18 Jahren auf 12 volle Arbeitsstunden herabsetzte, schien der Jüngste Tag der englischen Industrie angebrochen! [...] Das Gesetz von 1833 erklärt, der gewöhnliche Fabrikarbeitstag solle beginnen um halb 6 Uhr morgens und enden halb 9 Uhr abends, und innerhalb dieser Schranken, einer Periode von 15 Stunden, solle es gesetzlich sein, junge Personen (d.h. Personen zwischen 13 und 18 Jahren) zu irgendeiner Zeit des Tags anzuwenden, immer vorausgesetzt, dass ein und dieselbe junge Person nicht mehr als 12 Stunden innerhalb eines Tags arbeite, mit Ausnahme gewisser speziell vorgesehener Fälle. [...] Das Parlament bestimmte, dass nach dem 1. März 1834 kein Kind unter 11 Jahren, nach dem 1. März 1835 kein Kind unter 12 Jahren und nach dem 1. März 1836 kein Kind unter 13 Jahren über 8 Stunden in einer Fabrik arbeiten solle! [...] Fabrikakt vom 7. Juni 1844. [...] Er gruppiert eine neue Kategorie von Arbeitern unter die Beschützten, nämlich die Frauenzimmer über 18 Jahre. Sie wurden in jeder Rücksicht den jungen Personen gleichgesetzt, ihre Arbeitszeit auf 12 Stunden beschränkt, Nachtarbeit ihnen untersagt [...] das Zehnstundengesetz trat am 1. Mai 1848 in Kraft. [...] Frankreich hinkt langsam hinter England her. Es bedarf der Februarrevolution (von 1848) zur Geburt des Zwölfstundengesetzes [...] In den Vereinigten Staaten von Nordamerika

blieb jede selbständige Arbeiterbewegung gelähmt, solange die Sklaverei einen Teil der Republik verunstal-
tete. [...] 1866 beschloss der »Internationale Arbeiter-
kongress« zu Genf [...] Wir schlagen 8 Arbeitsstunden
als legale Schranke des Arbeitstags vor.«[50]

Arbeitszeiten von 12 bis 16 Stunden sind allerdings
auch heute in der Marktwirtschaft weiter an der Tages-
ordnung und Kinderarbeit ist dabei oft die einzige
Möglichkeit, die Familie zu ernähren. Zum Beispiel in
der Teppichindustrie: »Der Arbeitstag der Kinder ist
in der Regel sehr lang, selten endet er vor zehn und
manchmal erst nach 14 oder 16 Stunden, ein Schulbe-
such ist daher unmöglich.«[51] Oder im Dienstleistungs-
bereich: »Den Traum vom Tellerwäscher zum Millionär konnte sich der zwölfjährige Subash Choure bei
einem Tageslohn von 15 Rupien (28 Cents) nicht ver-
wirklichen. Stattdessen musste er 13 Stunden am Tag
abwaschen – in einem Hotel, dessen Besitzer ihn
schlecht behandelte.«[52] Oder in der Landwirtschaft:
»Laut einem veröffentlichten Report der Menschen-
rechtsorganisation Human Rights Watch ist Kinderarbeit in den USA durch ein Bundesgesetz geregelt. Da-

---

[50] Karl Marx, Das Kapital, Bd. 1, S. 293ff
[51] www.globalmarch.de
[52] Terre des hommes – Hilfe für Kinder in Not. Im Netz:
www.tdh.de

106

von ausgenommen ist jedoch die Arbeit in der Landwirtschaft. Zahlreiche US-Farmer nutzen daher die Gelegenheit, um hunderttausende Kinder völlig legal 12 bis 14 Stunden pro Tag arbeiten zu lassen. Die Arbeitsbedingungen sind auch nicht besser als in den Entwicklungsländern. Der ungeschützte Kontakt mit Pestiziden ruiniert die Gesundheit und Hitzschläge führen zu Lern- und Gedächtnisproblemen.«[53] Oder in den Bergwerken: »Täglich schuften mehrere Tausend Mädchen und Jungen in den Bergwerken der Stadt Potosí in Bolivien – damit ihre Familien überleben. Miguel arbeitet schon zwei Jahre im Cerro Rico, dem "reichen Berg" inmitten der Anden Boliviens. Hier gab es einst die reichsten Silberminen der Welt. Jeden Tag zwängt sich der Elfjährige auf der Suche nach Mineralien durch die engen, ungesicherten Stollen. Die Arbeitsbedingungen unter Tage sind brutal, schwere Atemwegserkrankungen und Infektionen von Augen und Haut die Folge. Die Temperaturen im Stollen erreichen fast 40 Grad. "Manchmal kann ich kaum atmen, weil der Schwefelgehalt in der Luft so hoch ist, " klagt Miguel. Der Junge verbringt fast zehn Stunden täglich im Stollen. Zwei Scheiben trockenes Brot und eine Flasche Wasser sind sein ganzer Proviant. "Gegen den quälenden Hunger kauen wir Kokablätter. Das hilft zumindest ein wenig", erzählt er leise. Die Arbeit

---

[53] www.dreigliederung.de

unter Tage ist lebensgefährlich, immer wieder stürzen Tunnel ein. Miguel bekommt am Tag vier Dollar – ein Hungerlohn, ohne den seine Familie jedoch nicht überleben kann.«[54] Für einen Großteil der Weltbevölkerung ließen sich ähnliche Geschichten erzählen, die Erwachsenen natürlich eingeschlossen!

Solange die Marktwirtschaft nicht grundsätzlich in Frage gestellt wird, sondern vielmehr auf ihrer allgemein akzeptierten Grundlage um die Länge des Arbeitstages gerungen wird, ist der Kampf um die Länge des Arbeitstages für die Arbeiterklasse von Anfang an verloren. »Der Kapitalist behauptet sein Recht als Käufer, wenn er den Arbeitstag so lang als möglich und womöglich aus einem Arbeitstag zwei zu machen sucht ... und der Arbeiter behauptet sein Recht als Verkäufer, wenn er den Arbeitstag auf eine bestimmte Normalgröße beschränken will. Es findet hier also eine Antinomie statt, Recht wider Recht, beide gleichmäßig durch das Gesetz des Warenaustausches besiegelt. Zwischen gleichen Rechten entscheidet die Gewalt. Und so stellt sich in der Geschichte der kapitalistischen Produktion die Normierung des Arbeitstags als Kampf um die Schranken des Arbeitstags dar – ein Kampf zwischen dem Gesamtkapitalisten, d.h. der

---

[54] www.kindernothilfe.de (2007)

Klasse der Kapitalisten, und dem Gesamtarbeiter, oder der Arbeiterklasse.«[55]

Die Geschichte der Reglung bzw. der noch fortdauernde Kampf um die Reglung des sogenannten Normalarbeitstages zeigt eindrucksvoll, dass der vereinzelte Arbeiter als »freier« Verkäufer seiner Arbeitskraft in diesem Kampf unterliegt. Es ist ja gerade seine Mittellosigkeit, die den Arbeitnehmer zwingt, sich dem seinem Interesse an Gesundheit und Freizeit entgegengesetzten Zweck des Arbeitgebers zu unterwerfen. Errungene Reduzierungen der Arbeitszeit werden bei jeder Gelegenheit vom Standpunkt der Arbeitgeber mit dem Verweis auf die Sachnotwendigkeiten der marktwirtschaftlichen Konkurrenz in Frage gestellt. »Im weltweiten Wettbewerb können wir uns diesen Luxus nicht mehr leisten. Die deutschen Unternehmen müssen sich immer stärker gegen ausländische Konkurrenten behaupten, die zu ungleich günstigeren Konditionen produzieren. Viele deutsche Betriebe verlagern deshalb die Fertigung ins Ausland – ein katastrophaler Trend für den nationalen Arbeitsmarkt. Die Ritualdebatten der Tarifparteien und Arbeitsmarktpolitiker müssen deshalb endlich aufhören. Wir sollten uns nüchtern den Fakten stellen und sehr schnell heilige Kühe schlachten.« So oder so ähnlich

---

[55] Karl Marx, Das Kapital, Bd. 1, S. 249

das Plädoyer der Arbeitgeber. Durchaus überzeugend, wenn man auch als Arbeitnehmer die Marktwirtschaft als die einzig mögliche Wirtschaftsform sehen will. Solange der Gewinn der Grund für die Produktionsentscheidung des Arbeitgebers ist, ist ein Achtstundentag in der Tat ein Wettbewerbsnachteil gegenüber einem 12- oder 16-Stundentag. Die physischen Schranken – Gesundheit und Lebenszeit der arbeitenden Bevölkerung – interessieren die Arbeitgeber in ihrem Streben nach Vermehrung ihres eingesetzten Kapitals nur, soweit ihr eigenes Geschäft dadurch direkt gefährdet wird. Ansonsten gilt mehr der »Nach mir die Sintflut« Standpunkt. Und dies »hängt nicht vom guten oder bösen Willen des einzelnen Kapitalisten ab. Die freie Konkurrenz macht die immanenten Gesetze der kapitalistischen Produktion dem einzelnen Kapitalisten gegenüber als äußerliches Zwangsgesetz geltend.«[56] So werden dann die schlechteren Arbeitsbedingungen irgendwo auf der Welt zum Maßstab für das, was man sich noch leisten kann. »In seinem maßlos blinden Trieb, seinem Werwolfs-Heißhunger nach Mehrarbeit, überrennt das Kapital nicht nur die moralischen, sondern auch die rein physischen Maximalschranken des Arbeitstags. ... Die kapitalistische Produktion verlängert die Produktionszeit des Arbeiters während eines

---

56 Karl Marx, Das Kapital, Bd. 1, S. 297

gegebenen Termins durch Verkürzung seiner Lebenszeit. ... Das Kapital ist daher rücksichtslos gegen Gesundheit und Lebensdauer des Arbeiters, wo es nicht durch die Gesellschaft zur Rücksicht gezwungen wird.«[57]

Die Gesellschaft, das heißt der bürgerliche Staat, hat aber auch eigene Zwecke. Als Nationalstaat mit marktwirtschaftlicher Gesellschaftsordnung setzen die Regierungsparteien in Konkurrenz zu anderen Staaten auf den marktwirtschaftlichen Erfolg der in ihrem Hoheitsgebiet tätigen Unternehmen. Das Arbeitgeberinteresse an erfolgreichem Geschäft, also am möglichst gewinnträchtigen Einsatz der gekauften Arbeitskräfte, wird vom Staat im Rahmen der marktwirtschaftlichen Wirtschaftsordnung grundsätzlich geteilt. Mit der gesetzlichen Absicherung des Eigentums an Produktionsmitteln und damit dem Ausschluss der Mehrheit der Bevölkerung von den Mitteln zur Produktion setzt der Staat die entscheidende Grundlage für den *Wohlstand der Nation* – wohlgemerkt, der Nation. Armut, Arbeitslosigkeit, Straßenkinder, Berufskrankheiten, Umweltverschmutzung und chemisch aufpolierte Lebensmittel sind dabei für das Wachstum des Bruttosozialprodukts in gewissem Maße durchaus produktiv.

---

[57] Karl Marx, Das Kapital, Bd. 1, S. 280ff

Sie senken die Kosten für die Produktionsmittelbesitzer, steigern den Einsatzwillen und die Effizienz der arbeitenden Bevölkerung und verhindern ein Abwandern von Unternehmen in »unternehmerfreundlichere« Standorte.

Der bürgerliche Staat ist aber nicht am individuellen Erfolg eines Kapitalisten interessiert, sondern am Erfolg seiner Wirtschaft. So erklärt sich, dass der Staat sich aus übergeordnetem, gesamtwirtschaftlichem Interesse gezwungen sieht, auch gegen die Interessen einzelner Kapitalisten im Sinne des marktwirtschaftlichen »Allgemeinwohls« Korrekturen vorzunehmen. Gegenüber den kapitalistischen Interessen, die die Arbeitskräfte rücksichtslos verheizen, setzt der bürgerliche Staat »den Standpunkt durch, dass bei deren Benutzung sowohl auf Nachhaltigkeit der Ressource Arbeitskraft zu achten ist, wie die Interessen zu wahren sind, die den Fortbestand der gesamten Gesellschaft betreffen. Das „Recht der Allgemeinheit" beinhaltet also die „Vernunft", die zum Fortbestand dieser kapitalistischen Gesellschaft nötig ist und die die kapitalistischen Unternehmer in ihrer Konkurrenz um Gewinn nicht aufbringen (können).«[58]

---

[58] Renate Dillman, Adrian Schiffer-Nasserie, Der soziale Staat. Über nützliche Armut und ihre Verwaltung, VSA 2018, S. 177

Pflichtabgaben zu den gesetzlichen Sozialversicherungen, gesetzliche Arbeitszeitregelungen, Arbeitsschutz, Umweltschutz etc. sind staatliche Eingriffe, die die notwendig verheerenden Folgen der marktwirtschaftlichen Produktionsweise für Umwelt und Bevölkerung begrenzen sollen. Der Maßstab für die Beschränkung der freien Marktwirtschaft ist dabei nicht die Güte der Gebrauchswerte, der Umwelt, der Arbeitsbedingungen bzw. die Versorgung der Bevölkerung. Als Verfechter der marktwirtschaftlichen Wirtschaftsordnung sind für den Staat ebenso wie für die Unternehmer die Gebrauchsgegenstände nur Mittel zum Zweck. Der Zweck ist der Reichtum in Form von Geld. Die Mittellosigkeit der Mehrheit der Bevölkerung ist in diesem Produktionsverhältnis für die Unternehmer wie für den Staat die Grundlage marktwirtschaftlichen Erfolgs. Die arbeitende Bevölkerung muss in der Lage und bereit sein, für die Vermehrung fremden Reichtums und in diesem Sinne für den Reichtum der Nation jeden Tag aufs Neue ihre Arbeitskraft zu verkaufen. Der Maßstab für die vom Staat auferlegten Beschränkungen ist die nachhaltige Vermehrung des in Geld gemessenen Reichtums, der in seinem Hoheitsgebiet erwirtschaftet wird. Der hierfür erforderliche Verschleiß der eigenen arbeitenden Bevölkerung darf die nachhaltige unternehmerische Produktion nicht gefährden. Wie der einzelne Unternehmer gegen die Produktionsbedingungen der anderen Unternehmer

konkurriert, so konkurrieren die Staaten gegen die
»Standortvorteile« der anderen Staaten. Dem permanenten Versuch der Arbeitgeber, den Arbeitstag zu
verlängern, wird somit je nach Lage der Dinge wider-
sprochen oder Recht gegeben.

Maschinen oder billige Arbeitskräfte?

Maschinen erleichtern das Leben. Schwere, gesundheitsschädliche körperliche Arbeit kann auf Maschinen verlagert werden. Es kann mit ihnen schneller und damit mehr produziert werden. Die notwendige Arbeitszeit kann so entweder bei gleicher Versorgung verkürzt und das Reich der Freizeit vergrößert werden, oder es kann die Versorgung mit nützlichen Dingen verbessert werden, bei gleich bleibender Arbeitszeit. Im Zuge des technischen Fortschritts kann somit die Versorgung der Menschen bei gleichzeitiger Verbesserung der Arbeitsbedingungen und Verkürzung der notwendigen Arbeitszeiten gesteigert werden. Fluch oder Segen?

Wenn man sich die Organisation von Arbeit und Produktion nur als Marktwirtschaft vorstellen will, ist die Antwort alles andere als eindeutig. Das fängt schon bei der Entscheidung an, ob überhaupt in eine Maschine investiert wird. In der Marktwirtschaft geht es nicht um die Verbesserung von Arbeitsbedingungen oder die Verkürzung der Arbeitszeit, sondern schlicht darum, ob sich mit der Anwendung einer Maschine für den Unternehmer mehr Geld verdienen lässt als mit der Anwendung der sonst notwendigen Arbeitskräfte. Es geht also um die Reduzierung von Lohnstückkosten durch die Entlassung von Mitarbeitern im Vergleich zum Stückkostenaufwand beim Einsatz einer Maschine. Technischer Fortschritt findet so statt, es werden auch mehr nützliche Gegenstände hergestellt, aber auf Kosten derer, die überflüssig und arbeitslos werden. Da Arbeitslosigkeit in der Marktwirtschaft nicht mit dem »Reich der Freiheit« zu verwechseln ist, heißt dies für die Betroffenen Ausschluss vom Reichtum. Mit wenigem oder ohne Geld ist bekanntlich nichts los in einer Gesellschaft, in der die Verfügung über Geld Voraussetzung für den Konsum ist. Arbeitslosigkeit bedeutet in der Marktwirtschaft für jeden, der nicht über Eigentum an Produktionsmitteln verfügt und daher von der Arbeit anderer leben kann, die vollständige Mittellosigkeit, eine existenzielle Bedrohung und damit das Angewiesensein auf staatliche Unterstützung.

Der Staat registriert Arbeitslosigkeit breiter Teile seiner Bevölkerung als Einkommensteuerausfall, Ausfall von Sozialversicherungsbeiträgen, zusätzliche Kosten für eventuell erforderliche Unterstützungsprogramme und als Indiz für die unzureichende Wettbewerbsfähigkeit seiner Wirtschaft. Für die Unternehmen ist Vollbeschäftigung eine nachteilige Bedingung bei der Rekrutierung von Personal auf dem Arbeitsmarkt. Es können höhere Gehälter gefordert werden und die eine oder andere Stelle lässt sich nur schwer besetzen.

Arbeitslosigkeit erzeugt demgegenüber stärkere Konkurrenz zwischen den Arbeitnehmern um die lebensnotwendigen Arbeitsplätze, unterstützt darüber die Reduzierung der Gehaltsforderungen auf ein geschäftstauglicheres Niveau und fördert die Bereitschaft, auch unangenehme Arbeitsbedingungen zu akzeptieren. Das ist keine Verantwortungslosigkeit oder Missachtung gegenüber den betroffenen Menschen. Die Marktwirtschaft als effizientes Steuerungssystem gibt die Regeln vor. Wer als Unternehmer in der Konkurrenz nicht so handelt, ist bald selbst mittelloser Arbeitnehmer. Die Eigentümer der Produktionsmittel schaffen Arbeitsplätze, wenn sich für sie aus der Differenz zwischen den eingesetzten Kosten und dem Verkaufserlös ein Überschuss erzielen lässt. Wenn es sich nicht für den Unternehmer lohnt oder wenn der Überschuss sich durch Produktivitätssteigerungen auch mit weniger Arbeitskräften erzielen lässt, streichen sie Arbeitsplätze.

In der Marktwirtschaft ist die Maschine daher nicht Hilfsmittel im Arbeitsalltag, sondern wird zum Konkurrenten des Arbeiters selbst. Bezogen auf den Zweck der Marktwirtschaft verwandelt die Maschinerie einen Teil der Arbeitnehmer in überflüssige, d.h. nicht länger zur Verwertung des investierten Kapitals unmittelbar notwendige Bevölkerung. Dieser »Teil der Arbeiterklasse [...] überfüllt den Arbeitsmarkt und senkt daher den Preis der Arbeitskraft unter ihren Wert.«[59] So erklärt sich das Paradox, dass das Mittel zur Erleichterung der menschlichen Arbeit historisch mit dem größten Elend unter der Bevölkerung einherging. Im Zuge der industriellen Revolution starben und sterben weltweit Teile der für die Marktwirtschaft überflüssigen Bevölkerung oder vegetieren mit ihren Familien mit 1 bis 2 Dollar pro Tag im chronischen Elend.

---

[59] Karl Marx, Das Kapital, Bd. 1, S. 454

Wenn die Wirtschaft wächst, wenn sich Erfolg versprechende Geschäfte abzeichnen, dann werden Überstunden angesetzt und zusätzliche Arbeitsschichten organisiert, dann wird zur Produktivitätssteigerung in Werkzeuge, Maschinen, EDV, Zentralläger oder neue Produktionsstätten investiert und es können in der Tat auch neue Arbeitsplätze geschaffen werden. Der Tatsache, dass mit dem Wirtschaftswachstum zusätzliche Arbeitskräfte benötigt werden, stehen in der Marktwirtschaft jedoch zwei gegenläufige Tendenzen entgegen. So führt die zwecks Kostensenkung im Aufschwung wie in der Krise ständig vorangetrieben Steigerung der Produktivität zu einem permanenten Arbeitsplatzabbau. Allerdings nicht in dem Sinne, dass mit Hilfe der Automatisierung der Arbeitsprozesse das Reich der Freiheit für alle Gesellschaftsmitglieder erweitern wird. In der Marktwirtschaft dient der technische Fortschritt allein dazu, durch die Entlassung eines Teils der Arbeitskräfte bei gleichzeitig intensiverer Anwendung der verbleibenden Arbeitskräfte das Kosten-Nutzen-Verhältnisses für die Produktionsmittelbesitzer zu verbessern. Parallel dazu kommt es über den Konkurrenzkampf zu einer zunehmenden Zentralisation der Geschäftstätigkeit. Kleinere Unternehmen werden zur Aufgabe gezwungen und von größeren erfolgreichen Unternehmen übernommen, die wiederum nun bezogen auf den Zweck der Geldvermehrung vieles effizienter machen können, was nichts anderes bedeutet, als dass sie für mehr Geschäft weniger Arbeitskräfte benötigen.

»Mit der durch sie selbst produzierten Akkumulation des Kapitals produziert die Arbeiterbevölkerung also in wachsendem Umfang die Mittel ihrer eignen relativen Überzähligmachung [...] Die Überarbeit des beschäftigten Teils der Arbeiterklasse schwellt die Reihen ihrer Reserve, während umgekehrt der vermehrte Druck, den die letztere durch ihre Konkurrenz auf die erstere ausübt, diese zur Überarbeit und Unterwerfung unter die Diktate des Kapitals zwingt. Die Verdammung eines Teils der Arbeiterklasse zu erzwungenem Müßiggang durch Überarbeit des andren Teils und umgekehrt, wird Bereicherungsmittel des einzelnen Kapitalisten und beschleunigt zugleich die Produktion der industriellen Reservearmee auf einem dem Fortschritt der gesellschaftlichen Akkumulation entsprechenden Maßstab.«[60] Die über das marktwirtschaftliche Geschäftsinteresse im Rahmen des Produktivitätsfortschritts zunehmend erzeugte Arbeitslosigkeit bildet »eine disponible industrielle Reservearmee, die dem Kapital ganz so absolut gehört, als ob es sie auf seine eignen Kosten groß gezüchtet hätte. Sie schafft für seine wechselnden Verwertungsbedürfnisse das stets bereite Menschenmaterial.«[61]

---

[60] Karl Marx, Das Kapital, Bd. 1, S. 660 ff
[61] Karl Marx, Das Kapital, Bd. 1, S. 660 ff

○ Die sogenannten Kurzzeitarbeitslosen, die gemäß dem aktuellen Bedarf der Unternehmen qualifiziert und flexibel einsetzbar sind.

○ Die sogenannten Langzeitarbeitslosen, deren Qualifikation oder altersbedingte Einsetzbarkeit auf dem Arbeitsmarkt nicht mehr attraktiv genug ist. Ihre Lebenslage sinkt unter das durchschnittliche Normalniveau der arbeitenden Klasse.

○ »Der tiefste Niederschlag der relativen Übervölkerung endlich behaust die Sphäre des Pauperismus. [...] Verkommene, Verlumpte, Arbeitsunfähige [...], solche, die über das Normalalter eines Arbeiters hinausleben, endlich die Opfer der Industrie, [...] Verstümmelte, Erkrankte, Witwen etc. Der Pauperismus bildet das Invalidenhaus der aktiven Arbeiterarmee und das tote Gewicht der industriellen Reservearmee.«[62]

Der vom marktwirtschaftlichen Geschäftsstandpunkt überflüssige Teil der Bevölkerung schwankt in seinem Umfang mit den Konjunkturzyklen, bildet aber auf-

---

[62] Karl Marx, Das Kapital, Bd. 1, S. 673

grund fortschreitender Konzentration und Produktivitätskraftentwicklung auch in den erfolgreichen Industriestaaten inzwischen eine »Sockelarbeitslosigkeit« von 5 bis 10 Prozent. In den weniger erfolgreichen Marktwirtschaften sind oft mehr als 50 Prozent der Bevölkerung vom offiziellen Arbeitsmarkt ausgeschlossen.

Arbeitslosigkeit als ernsthaftes Problem für die betroffenen Menschen gibt es nur in der Marktwirtschaft, wo aufgrund des Privateigentums an Produktionsmitteln die arbeitende Bevölkerung von den von ihr produzierten Reichtümern ausgeschlossen ist und in ihrer Mittellosigkeit darauf angewiesen ist, dass ihr ein Besitzer von Produktionsmitteln einen Arbeitsplatz anbietet. Selbstverständlich könnte man die Wirtschaft auch zum Zwecke der Versorgung der Bevölkerung organisieren. Im Hinblick auf den Zweck der Produktionsmittelbesitzer, ihr Kapital zu vermehren, sowie für den Zweck, den Reichtum der Nation zu steigern, wäre dies allerdings äußerst ineffizient.

Produktivitätssteigerung bedeutet marktwirtschaftlich zuallererst Entlassung und dies nicht trotz der guten Geschäfte und Gewinne, sondern wegen Gewinn und Geschäft. Wer beklagt, dass es trotz der Gewinne zu Entlassungen käme, will offensichtlich die geltende Kalkulationsgrundlage der Marktwirtschaft nicht wahrhaben. Er denkt, es wäre doch nicht nötig, da das Unternehmen aufgrund vorhandener Gewinne in seinem Bestand nicht gefährdet sei. Man könne also die Maschine statt zur Lohnkostensenkung mittels Entlassung auch zur Arbeitsreduzierung für alle benutzen. Könnte man ja auch, wenn die Wirtschaft nicht über die unsichtbare Hand der Marktwirtschaft zwecks Vermehrung des Privateigentums gesteuert würde. Letzteres ist aber das Programm der Marktwirtschaft und damit ist die Vermehrung des Privateigentums der einzige Grund, in Maschinen und/oder Arbeitskräfte zu investieren. Das muss man einfach ernst nehmen. Natürlich könnte man die Wirtschaft anders organisieren, aber wer will das schon. Die Arbeitgeber nicht, die im Gegensatz zu den Arbeitnehmern über die Mittel verfügen, und der bürgerliche Staat auch nicht, der über die ihn vertretenden politischen Parteien in der

Marktwirtschaft die zur Steigerung des Bruttosozial-produkts überlegene Wirtschaftsordnung sieht. Der in Geld gemessene Reichtum der Nation kommt ja gerade durch die Entlassungen und die Intensivierung und Verlängerung der verbleibenden Arbeit zustande und nicht durch ein angenehmeres Leben für alle. Die einst gegen die Arbeitgeberinteressen erkämpfte Errungenschaft eines Achtstundentages kann in der globalen Konkurrenz der Arbeitsmärkte daher selbst in den erfolgreichsten Industrie- und Handelsnationen immer weniger von den Arbeitnehmern verteidigt werden.

»Ökonomie der Arbeit durch Entwicklung der Produktivkraft der Arbeit bezweckt in der kapitalistischen Produktion also durchaus nicht Verkürzung des Arbeitstages. Sie bezweckt, den Teil des Arbeitstags, den der Arbeiter für sich selbst arbeiten muss, zu verkürzen, um grade dadurch den andren Teil des Arbeitstags, den er für den Kapitalisten umsonst arbeiten kann, zu verlängern.«

Arbeitserleichterung oder Intensivierung der Arbeit

Im Interesse der Privateigentümer bedeutet Produktivitätssteigerung zuallererst Entlassung auf Kosten derer, die überflüssig gemacht und damit arbeitslos werden. Für die, die das Glück haben, trotz der produktivitätssteigernden Wirkung einer Maschine ihre Arbeitskraft weiter erfolgreich verkaufen zu können, ist die Frage »Fluch oder Segen?« aber auch nicht eindeutig zu beantworten.

Natürlich ist der Einsatz einer Maschine eine sehr sinnvolle Sache, wenn es darum geht, schwere und gesundheitsschädliche körperliche Arbeit auf die Maschine zu verlagern, wenn durch gleichen Einsatz bei höherer Produktivität mehr nützliche Dinge für alle Beteiligten produziert werden können oder wenn die Arbeitszeit für alle Beteiligten verkürzt werden kann. Der Inhalt von Effizienz und Produktivitätssteigerung wird aber entscheidend durch den gesellschaftlichen Zweck der Produktion bestimmt. Wenn der Zweck, wie in der Marktwirtschaft, die private Bereicherung auf der Grundlage des Eigentums an Produktionsmitteln ist, dann bekommen technischer Fortschritt, Effizienz und Produktivitätssteigerung einen völlig andern Inhalt.

Während der Arbeitgeber durch die Verlängerung des Arbeitstages seinen absoluten Mehrwert erhöht, ist Produktivitätssteigerung – sei es durch Werkzeuge und Maschinen oder durch effizientere Arbeitsteilung und Arbeitsorganisation – sein Mittel, um den relativen Mehrwert zu steigern. Beim absoluten Mehrwert interessiert den Arbeitgeber die Differenz zwischen dem Wert der Arbeitskraft, für den er bezahlt, und dem Wert, den die Arbeitskraft über die Zeitdauer ihrer Anwendung für den Arbeitgeber produziert. Jede Verlängerung des Arbeitstages erhöht so den absoluten Teil der Wertsumme, die er sich selbst aneignet oder anderes ausgedrückt, den Zeitanteil, den der Arbeitnehmer nicht für sich, sondern für den Arbeitgeber arbeitet. Im Falle der Produktivitätssteigerung werden in gleicher Zeit mehr Werte geschaffen als mit der gesellschaftlichen Durchschnittsarbeit bei den konkurrierenden Unternehmen. Da das Produkt der Arbeit dem Arbeitgeber zusteht, eignet er sich diesen zusätzlichen, relativen Mehrwert an. »Der Kapitalist, der die verbesserte Produktionsweise anwendet, eignet sich daher einen größeren Teil des Arbeitstags für die Mehrarbeit an als die übrigen Kapitalisten in demselben Geschäft.«[63] Soweit er es nicht seinem eigenen Vermögen zuschlägt, kann er diesen Vorteil nutzen,

---

[63] Karl Marx, Das Kapital, Bd. 1, S. 337

127

um durch günstigere Preise seinen Marktanteil auf Kosten seiner Konkurrenten zu erhöhen. »Andrerseits aber verschwindet jener Extramehrwert, sobald die neue Produktionsweise sich verallgemeinert und damit die Differenz zwischen dem individuellen Wert der wohlfeiler produzierten Waren und ihrem gesellschaftlichen Wert verschwindet. [...] (somit treibt das) Gesetz der Wertbestimmung [...] seine Mitbewerber als Zwangsgesetz der Konkurrenz zur Einführung der neuen Produktionsweise. [...] Da nun der relative Mehrwert in direktem Verhältnis zur Entwicklung der Produktivkraft der Arbeit wächst, während der Wert der Waren in umgekehrtem Verhältnis zur selben Entwicklung fällt, da also derselbe identische Prozess die Waren verwohlfeilert und den in ihnen enthaltenen Mehrwert steigert, löst sich das Rätsel, dass der Kapitalist, dem es nur um die Produktion von Tauschwert zu tun ist, den Tauschwert der Waren beständig zu senken strebt.«[64]

Ob die Arbeitgeber sich dieser aus dem Wertgesetz entspringenden Gesetzmäßigkeit bewusst sind oder nicht, spielt bei ihrem Bestreben keine Rolle. In der über das Geld und dessen Vermehrung gesteuerten Marktwirtschaft ist es durchgesetzter Zweck, den Teil

---

[64] Karl Marx, Das Kapital, Bd. 1, S. 337f

des Arbeitstages, den der Arbeiter für sich selbst arbeiten muss, zu verkürzen, um gerade dadurch den anderen Teil des Arbeitstages, den er für den Arbeitgeber umsonst arbeiten kann, zu verlängern. Die Steigerung des Mehrwertes findet für den Arbeitgeber statt, unabhängig davon, ob seine Ware dem Umkreis der notwendigen Lebensmittel angehört und daher bestimmend in den allgemeinen Wert der Arbeitskraft eingeht. Unabhängig hiervon und dem Bewusstsein über die Zusammenhänge besteht für jeden einzelnen Unternehmer das Motiv, den Wert der Ware durch erhöhte Produktivkraft zu senken.[65] Wettbewerbsfähigkeit nennt man das.

Der Grund für die Investition in eine Maschine ist daher nicht, Arbeitserleichterungen zu schaffen, sondern durch die Einsparung von Lohnkosten bzw. die intensivere Anwendung eine bessere Verwertung des eingesetzten Kapitals und damit einen höheren Mehrwert zu erzielen. Bei körperlich schwerer, einseitiger und gesundheitsgefährdender Arbeit werden, auch wenn es technisch möglich wäre, nicht unbedingt maschinelle Hilfsmittel eingesetzt. Es muss sich für den Arbeitgeber lohnen und der Rückenschaden des Arbeiters ist in der marktwirtschaftlichen Kalkulation nur dort ein ernstzunehmender Faktor, wo es gesetzliche

---

[65] Karl Marx, Das Kapital, Bd. 1, S. 336

Auflagen gibt. Da es um die optimale Auslastung der Maschine geht, sind Arbeitszeitverkürzungen für den Arbeitgeber wirtschaftlich unvernünftig. Das können »wir uns« (!) nicht leisten. Im Gegenteil, die flexible Nutzung des Maschinenparks rund um die Uhr ist geboten. »Wenn die Maschinerie das gewaltigste Mittel ist, die Produktivität der Arbeit zu steigern, d.h. die zur Produktion einer Ware nötige Arbeitszeit zu verkürzen, wird sie als Träger des Kapitals zunächst in den unmittelbar von ihr ergriffenen Industrien zum gewaltigsten Mittel, den Arbeitstag über jede naturgemäße Schranke hinaus zu verlängern. Sie schafft einerseits neue Bedingungen, welche das Kapital befähigen, dieser seiner beständigen Tendenz die Zügel frei schießen zu lassen, andrerseits neue Motive zur Wetzung seines Heißhungers nach fremder Arbeit.«[66]

Neue Bedingungen heißt, mit der Maschine wird es im Gegensatz zur Handarbeit erst möglich, zeitlich unbegrenzt und ohne Rücksicht auf physische Grenzen zu produzieren. Der Arbeiter wird zum Anhängsel der Maschine. Neue Motive heißt, die Investition muss sich amortisieren, d.h. lohnen, bevor der moralische Verschleiß durch die technische Weiterentwicklung sie gegenüber den Konkurrenten entwertet. »Je kürzer die Periode, worin ihr Gesamtwert reproduziert wird,

---

66 Karl Marx, Das Kapital, Bd. 1, S. 425

desto geringer die Gefahr des moralischen Verschlei-
ßes, und je länger der Arbeitstag, umso kürzer jene Periode.[67] [...] Man denke nur! Ein Kapital, das 100000
Pfd. St. gekostet hat, auch nur für einen Augenblick
"nutzlos" zu machen! Es ist in der Tat himmelschrei-
end, dass einer unserer Leute überhaupt jemals die
Fabrik verlässt! Der wachsende Umfang der Maschinerie macht [...] eine stets wachsende Verlängerung
des Arbeitstags wünschenswert.«[68] »Daher das ökonomische Paradoxon, dass das gewaltigste Mittel zur
Verkürzung der Arbeitszeit in das unfehlbarste Mittel
umschlägt, alle Lebenszeit des Arbeiters und seiner
Familie in disponible Arbeitszeit für die Verwertung
des Kapitals zu verwandeln.«[69]

Nacht- und Schichtarbeit sind bezogen auf den Zweck
der Kapitalvermehrung, unabhängig von den gesund-
heitlichen Wirkungen für die Arbeitskräfte, auf jeden
Fall marktwirtschaftlich erforderlich. Produktivitätssteigerung »bezweckt in der kapitalistischen Produktion also durchaus nicht Verkürzung des Arbeitstages.
Sie bezweckt nur Verkürzung der für Produktion eines
bestimmten Warenquantums notwendigen Arbeitszeit. Dass der Arbeiter bei gesteigerter Produktivkraft

---

[67] Karl Marx, Das Kapital, Bd. 1, S. 427
[68] Report of the Inspection of Factories zitiert nach: Karl Marx,
Das Kapital, Bd. 1, S. 428
[69] Karl Marx, Das Kapital, Bd. 1, S. 465

seiner Arbeit in einer Stunde z.B. 10 mal mehr Ware als früher produziert, also für jedes Stück Ware 10mal weniger Arbeitszeit braucht, verhindert durchaus nicht, ihn nach wie vor 12 Stunden arbeiten und in den 12 Stunden 1200 statt früher 120 Stück produzieren zu lassen. Ja, sein Arbeitstag mag gleichzeitig verlängert werden, so dass er jetzt in 14 Stunden 1400 Stück produziert usw.«[70] Für die Nation und die Arbeitgeber lohnt sich das. Für die Entlassenen und die verbliebenen Arbeitskräfte, die nun produktiver für fremden Reichtum arbeiten, ist das die Frage.

In der Marktwirtschaft gibt die Maschine den Takt für die verbleibenden Arbeitskräfte vor, je mehr und je schneller bei gleichzeitig strenger Qualitätsüberwachung desto besser. Dabei kann es durchaus dazu kommen, dass die intensivere Stunde eines achtstündigen Arbeitstages mehr wertschaffende Arbeit enthält als die weniger intensive Stunde eines zehnstündigen Arbeitstages. Eine für den Arbeitgeber lohnende Intensivierung der Arbeit ist daher vielleicht sogar nur innerhalb eines verkürzten Arbeitstages erreichbar. »Je mehr die Produktivkraft der Arbeit wächst, umso mehr kann der Arbeitstag verkürzt werden, und je mehr der Arbeitstag verkürzt wird, desto mehr kann die Intensität der Arbeit wachsen.«[71]

---

[70] Karl Marx, Das Kapital, Bd. 1, S. 339-340
[71] Karl Marx, Das Kapital, Bd. 1, S. 552

Die Bornierung auf einfache, immer gleiche Handgriffe und Tätigkeiten ist in vielen Fällen für den Zweck der Kapitalvermehrung effizienter als Abwechslung mit entsprechend höherem Ausbildungsbedarf. »Die relative Entwertung der Arbeitskraft, die aus dem Wegfall oder der Verminderung der Erlernungskosten entspringt, schließt unmittelbar höhere Verwertung des Kapitals ein, denn alles, was die zur Reproduktion der Arbeitskraft notwendige Zeit verkürzt, verlängert die Domäne der Mehrarbeit.«[72] Der stärkere Verschleiß bei einseitiger Arbeitsbelastung kostet den Arbeitgeber nichts. Die zunehmende Frühverrentung wird in diesem Zusammenhang mehr als Problem der Rentenkassen gesehen und mit entsprechenden Rentenkürzungen behandelt. Eine gewisse Verblödung des Personals wird dabei zwar von der Arbeitgeberseite abschätzend registriert, aber aus Gründen der Kosteneffizienz tatkräftig gefördert. »Ein Mensch, der sein ganzes Leben in der Verrichtung weniger einfacher Operationen verausgabt [...] hat keine Gelegenheit, seinen Verstand zu üben [...] Er wird im Allgemeinen so stupid und unwissend, wie es für eine menschliche Kreatur möglich ist. [...] in jeder (?!) industriellen und zivilisierten Gesellschaft ist dies der Zustand, worin der arbeitende Arme (the labouring poor), d.h. die große Masse des Volks notwendig (?!)

---

[72] Karl Marx, Das Kapital, Bd. 1, S. 371

verfallen muss,«[73] stellt Adam Smith in seinem berühmten Buch »Wohlstand der Nationen« fest und empfiehlt staatlichen Volksunterricht, um die aus der Teilung der Arbeit entspringende völlige Verkümmerung der Volksmasse zu verhindern. Diesem Rat wurde gefolgt. Der bürgerliche Staat unterstützt die Nachfrage nach mehr oder weniger gebildeten Arbeitskräften im Rahmen seiner Bildungspolitik. Je nach Lage auf dem Arbeitsmarkt oder mit anderen Worten, je nach der Nachfrage nach gewinnbringend einsetzbaren Arbeitskräften stellt er einen Bildungsnotstand oder ein Kosteneinsparungspotenzial fest. Auf der Grundlage der »Chancengleichheit« sorgt die Auslese über das Notensystem zusammen mit dem Umfang der Betreuung der Schüler (Anzahl Lehrer pro Schüler etc.) dafür, dass dem Arbeitsmarkt genug gebildete (teurere) und ungebildete (billigere) Arbeitskräfte zugeführt werden. Wo kämen wir denn hin, wenn durch die doppelte Anzahl von Lehrern die Anzahl der Abiturienten verdoppelt würde. Das können wir uns doch gar nicht leisten. Oder?[74]

---

[73] Adam Smith, Wealth of Nations, zitiert nach: Karl Marx, Das Kapital Bd 1, S. 383

[74] »In Deutschland können etwa 7,5 Millionen Erwachsene keine einfachen Texte lesen oder schreiben. Damit zählten mehr als 14 Prozent der Erwerbsfähigen zu den sogenannten funktionalen Analphabeten, heißt es in einer Studie der Universität Hamburg«. http://www.zeit.de/gesellschaft/2011-02/bildung-analphabetismus-studie

Der weltweite technische Fortschritt führt in der Marktwirtschaft daher auch für diejenigen, die ihre Arbeit behalten, nicht zwangsläufig zu Arbeitsentlastung und mehr Freizeit, da »die Maschinerie an sich betrachtet die Arbeitszeit verkürzt, während sie kapitalistisch angewandt den Arbeitstag verlängert, an sich die Arbeit erleichtert, kapitalistisch angewandt ihre Intensität steigert, an sich ein Sieg des Menschen über die Naturkraft ist, kapitalistisch angewandt den Menschen durch die Naturkraft unterjocht, an sich den Reichtum des Produzenten vermehrt, kapitalistisch angewandt ihn verpaupert.«[75] Die Dummheit, nicht die kapitalistische Anwendung der Maschine zu bekämpfen, sondern die Maschine selbst, war historisch Grund für Maschinenstürmerei und ist heute unter dem Titel »Fluch oder Segen der Technik« beliebter Bestandteil »kritischer« Meinungsbildung. Hauptsache, der Lohn stimmt, könnte man da meinen.

---

[75] Karl Marx, Das Kapital, Bd. 1, S. 465

Der Lohn muss sich lohnen

»Der Wert der Arbeitskraft ist bestimmt durch den Wert der gewohnheitsmäßig notwendigen Lebensmittel des Durchschnittsarbeiters. Die Masse dieser Lebensmittel, obgleich ihre Form wechseln mag, ist in einer bestimmten Epoche einer bestimmten Gesellschaft gegeben und daher als konstante Größe zu behandeln. Was wechselt, ist der Wert dieser Masse.«[76]

Genauso wie im Hinblick auf die Frage der Länge bzw. Intensität des Arbeitstages stehen Käufer und Verkäufer der Arbeitskraft in einem gegensätzlichen Verhältnis, wenn es um die Frage geht: Was ist denn der Wert der Arbeitskraft? Zunächst gilt auch hier das Wertgesetz: »Der Wert der Arbeitskraft, gleich dem jeder anderen Ware, ist bestimmt durch die zur Produktion, also auch Reproduktion, dieses spezifischen Artikels notwendige Arbeitszeit. «[77] Um seine Arbeitskraft zu reproduzieren, das heißt, auch morgen wieder in der Lage zu sein, sie als Ware verkaufen zu können, benötigt man Nahrung, Kleidung, ein Dach über dem Kopf und je nach Tätigkeit eine bestimmte Bildung oder Qualifikation. Zudem müssen »die durch Abnutzung und Tod dem Markt entzogenen Arbeitskräfte zum al-

---

[76] Karl Marx, Das Kapital, Bd. 1, S. 542
[77] Vgl. hierzu Karl Marx, Das Kapital, Bd. 1, S. 49-68

lermindesten durch eine gleiche Zahl neuer Arbeitskräfte beständig ersetzt werden. Die Summe der zur
Produktion der Arbeitskraft notwendigen Lebensmittel schließt also die Lebensmittel der Ersatzmänner
ein, d.h. der Kinder der Arbeiter, so dass sich diese
Race eigentümlicher Warenbesitzer auf dem Waren-
markte verewigt.«[78]

Die Ware Arbeitskraft hat gegenüber allen anderen
Waren allerdings zwei Besonderheiten. Zum einen,
dass ihr Gebrauch selbst wertschaffend ist, und zum
anderen, dass ihr Wert von dem Durchsetzungsver-
mögen und den Lebensansprüchen ihrer Besitzer abhängt. »Im Gegensatz zu den andren Waren enthält
[...] die Wertbestimmung der Arbeitskraft ein histori-
sches und moralisches Element.«[79] Moralisch in dem
Sinne, dass vom Standpunkt des Verkäufers in Hinblick auf Verdienst, Freizeit und die eigene Gesundheit dafür gekämpft wird, dass Entlohnung, Arbeitszeit und Arbeitsbedingungen verbessert werden, während mit gleichem Recht von Seiten des Käufers darauf gedrungen wird, die Bezahlung zu verringern, die
Arbeitszeit zu erhöhen und die Intensität der Arbeit
zu steigern. Historisch hat sich über diese ständige
Auseinandersetzung – angefangen vom Kampf um

[78] Karl Marx, Das Kapital, Bd. 1, S. 186
[79] Karl Marx, Das Kapital, Bd. 1, S. 185

den »Normalarbeitstag« bis zu diversen Regelungen zu Arbeitsschutz und Entgeltzulagen – für bestimmte Regionen und bestimmte Perioden ein Durchschnittswert der »notwendigen Lebensmittel« ergeben, die zur Reproduktion der Arbeitskraft erforderlich sind und damit ihren Wert bestimmen. So kommt es, dass sich Arbeitnehmer in den entwickelten Industrieländern bei hoher Arbeitsdisziplin und Intensität und dem hierfür erforderlichen Ausbildungsstand mit Mikrowelle, Fernseher und Auto ausgestattet vergleichsweise reich vorkommen. Nicht gemessen am Reichtum der eigenen »Volkswirtschaft«, sondern gemessen an denen, die statt mit 40 € Bruttostundenlohn mit 1 bis 5 € auskommen müssen. Gleichzeitig betrachten die »Arbeitgeber« den errungenen Lebensstandard als übertriebenes Anspruchsdenken und leiten für sich den Anspruch ab, den Wert der Arbeitskraft auf ein »vernünftiges« Niveau zurückzuführen, notfalls mit der realistischen Drohung, die Arbeitsplätze ansonsten nach Osteuropa, Lateinamerika, Asien oder Afrika zu verlegen, dorthin, wo bekanntlich ein Großteil der Menschen nicht für die Geschäfte der Produktionsmittelbesitzer gebraucht wird und daher froh sein kann, überhaupt einen Hungerlohn zu erhalten, statt neben den durchaus vorhandenen Reichtümern zu verhungern.

Der Wert der Ware Arbeitskraft bzw. der Umfang der zu ihrer Wiederherstellung erforderlichen Lebensmittel wird über die gegensätzlichen Interessen von Käufer und Verkäufer der Arbeitskraft bestimmt. Wo zwei gegensätzliche Interessen aufeinander treffen, entscheidet letztlich die Gewalt. Im Falle der Gehaltsbzw. Lohnfrage verpflichtet der bürgerliche Staat die konkurrierenden Marktteilnehmer auf die Anerkennung des Eigentums an Produktionsmitteln als unantastbare Grundlage ihrer Verhandlungen. Mit dieser Verpflichtung ist das Kräfteverhältnis zwischen Arbeitgeber und Arbeitnehmer bereits entschieden. Denn wie bereits oben dargelegt, wird der Wert der Arbeitskraft wie bei allen anderen Waren über die Konkurrenz auf dem Markt durch die zu ihrer Herstellung erforderliche Arbeitszeit bestimmt. Wie viel Geld benötigt also ein Durchschnittsarbeiter in einem bestimmten Industriezweig, um sich und seine Familie zu reproduzieren, d.h. auch morgen wieder auf dem Arbeitsmarkt zur Verfügung zu stehen? Es müssen in jedem Fall die Lebensmittel bezahlt werden, die Wohnung, die Kleidung, die Versorgung der Kinder. Ob darüber hinaus ein Fernseher, eine Mikrowelle, ein Auto oder eine Urlaubsreise zur Reproduktion des Durchschnittsarbeiters notwendig sind oder nicht, ob also als Durchschnittsgehalt 2000 €, 3000 € oder 4000 € erforderlich sind, damit die Arbeitskräfte in einem bestimmten gesellschaftlichen Umfeld nicht verwahrlosen, ist dann schnell die strittige Frage. Hierin unterscheidet sich die Ware Arbeitskraft von allen anderen Waren, bei denen sich über die zur Herstellung durchschnittliche, gesellschaftlich notwendige Arbeitszeit der Wert ergibt. Was in einer Gesellschaft für die Reproduktion erforderlich ist, hängt bei der Ware Arbeitskraft letztlich davon ab, was die vom Verkauf ihrer Arbeitskraft abhängig Beschäftigten in der Konkurrent auf dem Arbeitsmarkt durchsetzen können. Das Resultat dieser ständigen Auseinandersetzung mit dem entgegengesetzten Interesse der Arbeitgeber bestimmt den Umfang der gewohnheitsmäßig notwendigen Lebensmittel des Durchschnittsarbeiters und damit den Wert seiner Arbeitskraft.

Was der Einzelne für den Verkauf seiner Arbeitskraft auf dem Arbeitsmarkt bekommt, der Preis der Arbeitskraft, ist individuelle Verhandlungssache. Der Preis kann also über oder unter dem Wert der Arbeitskraft liegen. Die eigene Verhandlungsposition wird dabei maßgeblich darüber bestimmt, dass man dringend einen Job braucht, um sich die notwendigen Lebensmittel kaufen zu können, und dass über Produktivitätssteigerungen ständig ein für die Marktwirtschaft überflüssiger Bevölkerungsteil produziert wird, der sich als Konkurrent auf dem Arbeitsmarkt um die gleichen Jobs bewirbt. Angebot und Nachfrage bestimmen den Preis. Je mehr »überflüssige« Arbeitskräfte auf dem Markt sind, desto leichter für die Arbeitgeber, den Preis der Arbeit zu ihrem Vorteil zu senken, auch unter den Wert der Arbeitskraft, d.h. unter die Kosten der zum Überleben notwendigen Lebensmittel. In diesen Fällen kommt es zu ernsthafter Erkrankung oder zum vorzeitigen Tod, zu geringerer Lebenserwartung, wie es so schön heißt. Während bei der Sklavenarbeit das Ausbeutungsverhältnis für alle Beteiligten offen lag und daher die Peitsche das Mittel zur Gefügigmachung war, reicht bei der Lohnarbeit der »Sog des Geldes«. In der globalen Marktwirtschaft werden alle Lebensmittel als Waren gehandelt. Wer keine Produktionsmittel besitzt, muss seine Arbeitskraft verkaufen, um an das Geld zum Kauf der Lebensmittel heranzukommen. Ob dies für ein angenehmes Leben ausreicht oder die eigenen Kinder verkauft werden müssen, um halbwegs überleben zu können, entscheidet sich auf dem Markt.

Wenn man stattdessen das Glück hat, dass die Nachfrage über dem Angebot liegt, kann auch ein höherer Preis für den Verkauf der Arbeitskraft durchgesetzt werden. Dies gibt aber vom Standpunkt des Arbeitgebers sofort Anlass zu dringender Rationalisierung oder zu Produktionsverlagerungen in sogenannte Billiglohnländer, in denen für die kapitalistische Produktion überflüssige Menschen die Lohnkosten über ihre Konkurrenz um die wenigen vorhandenen Arbeitsplätze niedrig halten. Mit der Drohung allein kann dann am Preis der Arbeit wieder gedreht oder nachhaltig der Wert der Arbeitskraft gesenkt werden, wenn von »übertriebenem« Anspruchsdenken Abstand genommen wird. Reich wird ein Verkäufer seiner Arbeitskraft so nicht und ob es nach 40 Jahren abhängigem Arbeitsleben für den wohlverdienten Lebensabend reicht oder ob das Leben in sogenannter Altersarmut endet, ist selbst in den reichsten Industrieländern der Welt für einen zunehmenden Teil der Bevölkerung nicht kalkulierbar. Ungeachtet dessen lautet die vorherrschende Überzeugung der betroffenen Bevölkerung, dass die Marktwirtschaft das überlegene Wirtschaftssystem ist, die beste Form, gesellschaftlich die Produktion zu organisieren. Bezogen auf das Geschäftsinteresse der Arbeitgeber stimmt das sogar.

An dieser Stelle Gerechtigkeit zu fordern, wäre aber falsch. Das Glück des Arbeitgebers, mit der Arbeitskraft eine Ware gefunden zu haben, die selbst wertschaffend ist, deren Benutzung also die Möglichkeit eröffnet, mehr Wert zu schaffen, als die Arbeitskraft gekostet hat, ist durchaus kein Unrecht gegen den Verkäufer. Auf der Grundlage der marktwirtschaftlichen Wirtschaftsordnung wäre es ungerecht, wenn der Arbeitgeber gezwungen würde, die Arbeitskraft über ihrem Marktwert zu kaufen. Angesichts niedriger Löhne und schlechter Arbeitsbedingungen Gerechtigkeit zu fordern, heißt, sich nicht dafür zu interessieren, wie Marktwirtschaft funktioniert und was ein Arbeitslohn ist. Es ist ungefähr so, als würde ich mir Regen wünschen und es als ungerecht empfinden, dass ich dabei nass werde. Oder Sonne ohne Sonnenbrand. Oder Welthandel ohne »Entwicklungsländer«.

Kapitel 3
Warum entwickeln sich
»Entwicklungsländer«
nicht?

Sind die Menschen in den sogenannten Entwicklungsländern arm, weil sie zu faul, zu dumm oder schlichtweg zu viele sind? Entwickeln sich »Entwicklungsländer« deshalb nicht? Unsinn. Arm ist der Großteil der Menschen in den »Entwicklungsländern« weder weil es am Arbeitswillen und Arbeitsvermögen fehlt, noch weil es nicht genug Reichtum gäbe, sondern weil sie von den vorhandenen Reichtümern und den zu ihrer Herstellung erforderlichen Produktionsmitteln ausgeschlossen sind. Wenn Menschen unter schweren Arbeitsbedingungen bis zu 16 Stunden am Tag in Bergwerken, Fabriken oder auf Plantagen schuften und von dem Ertrag ihrer Arbeit kaum ihre Familie ernähren können, ist ihre erbärmliche Lage nicht das Resultat von Faulheit. Wenn Menschen als Bauern oder traditionelle Kleinhandwerker keine Chance gegen die importierten Industrieprodukte der Weltkonzerne haben – egal wie lange, intensiv und billig sie zu arbeiten bereit sind –, dann ist der Grund ihres fehlenden ökonomischen Erfolges nicht ihr fehlendes Geschick.

Wenn Menschen vor Fabriktoren und den eingezäunten landwirtschaftlichen Nutzflächen auf Arbeit warten, ist der Grund ihrer Arbeitslosigkeit nicht ihr fehlender Arbeitswille. Wenn Menschen um die nötigsten Lebensmittel kämpfen müssen und kein Geld für die Ausbildung ihrer Kinder haben, ist der Grund fehlender Bildung nicht ihr Desinteresse. Millionen Menschen in der Dritten Welt kämpfen verbissen und ohne Erfolg um ein anständiges Leben oder verharren in erzwungener Untätigkeit, nicht weil extreme Armut so bequem ist, sondern weil die Trennung von den erforderlichen Arbeitsmitteln jede lohnende Anstrengung außer Reichweite rückt. Mittellosigkeit ist in den »Entwicklungsländern« kein Resultat von Dummheit oder Faulheit, sondern das Resultat der staatlich gewährten Freiheit, Privateigentum an Produktionsmitteln besitzen zu dürfen und damit andere von den vorhandenen Reichtümern auszuschließen. Wenn alle Reichtümer in Warenform vorliegen, wenn nur zahlungsfähige Bedürfnisse zählen, wenn im Privateigentum befindliche Produktionsmittel nur angewandt werden, wenn es sich für die Besitzer lohnt, dann macht die marktwirtschaftliche Eigentumsordnung die Menschen unfähig, für ihr Leben selbst zu sorgen, und zwingt alle, ihre Chance darin zu suchen, dass sie sich dem Kapital dienstbar machen. Dann entscheidet der Maßstab der Geldvermehrung darüber, ob es zu viele unnütze Menschen gibt: nutzlos, weil niemand lohnende Verwendung für sie hat, weil sie nicht bezahlen können, weil ihnen gegenüber vielmehr das Eigentum der in Warenform vorliegenden Reichtümer gewaltsam geschützt werden muss. Nur dann gibt es Menschen, die in ökonomischer Hilflosigkeit verwahrlosen und die so lediglich zur chronischen Belastung und Gefahr für die kapitalistische Wirtschaftsordnung werden.

Sind die Politiker in den »Entwicklungsländern« unfähig und korrupt? Entwickeln sich »Entwicklungsländer deshalb nicht? Unsinn. So unfähig kann der korrupteste Machthaber nicht sein. Arm ist der Großteil der Menschen in den »Entwicklungsländern« weder, weil ihre Machthaber sich zu viele Schlösser bauen lassen, noch weil sie vergessen haben, neben die Ölquelle eine weltweit erfolgreiche Raffinerie zu setzen, sondern weil ihre Länder in der Konkurrenz auf den globalen Märkten den Wettbewerb um die lukrativsten Kapitalanlagen verloren haben. Wenn »Entwicklungsländer« nur Rohstoffe abbauen lassen, statt mit den Produkten einer weltweit schlagkräftigen Veredelungsindustrie Exportweltmeister zu werden, ist ihre erbärmliche Abhängigkeit von der Rohstoffpreisentwicklung nicht das Resultat egoistischer und unfähiger Regierungen. Wenn sich Machthaber in der Dritten Welt einschließlich ihrer Familien und sämtlicher Staatsdiener persönlich bereichern, sind die Beträge, die sie sich aneignen, bei Weitem nicht der Grund für das fehlende Kapital, das erforderlich wäre, um z. B. auch nur einen weltweit erfolgreichen Automobilkonzern aufzubauen.

»Korrupte afrikanische Politiker haben nach Einschätzung des nigerianischen Präsidenten Olusegun Obasanjo ihren Staaten seit der Unabhängigkeit 140 Milliarden US-Dollar gestohlen. Diese Ausplünderung sei einer der Hauptgründe für die Armut in Afrika, sagte Obasanjo«.[80] 140 Milliarden US $ geteilt durch 40 Jahre sind ca. 3,5 Milliarden US $ pro Jahr und verteilt auf 53 afrikanischen Staaten 67 Millionen US $ jährlich pro Staat. Davon kann auch der geschickteste Politiker keinen drittklassigen weltmarktfähigen Automobil-, Chemie- oder Lebensmittelkonzern aufbauen. Berühmte Beispiele wie die 30 Millionen US $, die sich Jean-Bédel Bokassa seine Kaiserkrönungzeromie kosten ließ, und selbst geschätzte 4 bis 5 Milliarden US $ persönlichen Vermögens, das sich Machthaber wie Ferdinand Marcos oder Sese Seko Mobutu über ihre Regierungszeit auf den Philippinen bzw. in Zaire angeeignet haben, stehen in keinem Verhältnis zu den Beträgen, die Weltkonzerne *jährlich* in die Eroberung

---

[80]http://www.abendblatt.de/politik/ausland/article284720/Korruption-kostet-Afrika-Milliarden.html, 15. Juni 2002

bzw. Verteidigung ihrer Marktanteile investieren.[81] »Entwicklungsländer« sind also keineswegs arm, weil ihre Regierungen womöglich korrupt und unfähig sind. Die ökonomische Erfolglosigkeit der »Entwicklungsländer« ist keine Folge von fehlendem Willen und schlechten Charaktereigenschaften, sondern als Resultat der marktwirtschaftlichen Konkurrenz eine Folge fehlender Mittel.

Nach dem Zweiten Weltkrieg wurde unter der Führung der USA die Freiheit weltweiter Märkte begründet und wird seitdem durch die NATO – das Militärbündnis der westlichen Wertegemeinschaft – gegen eventuelle Feinde dieser Freiheit verteidigt. Ihren ehemaligen Kolonien wurde infolgedessen formell die »Souveränität« gewährt, verbunden mit dem »Angebot« sich als Geschäftspartner der führenden Welthandelsmächte herzurichten und im freien Spiel der Marktkräfte zu bewähren oder als Feinde der Freiheit bekämpft zu werden. Die Regierungen der »Entwicklungsländer« haben bis auf wenige Ausnahmen dieses »Angebot« angenommen und setzen, wie die erfolgreichen Industrie- und Handelsländer, auf die Macht des Privateigentums als Quelle ihrer Macht und werden darüber selbst zu bedingungslosen Förderern ihrer

---

[81] Beispiele für das jährliche Investitionsvolumen (capex) in Mrd. US $ (2009): AT&T 17, BP 20, Daimler 7, Exxon 27, Procter&Gamble 4, RWE 6, Toyota 15, VW 10, Wal Mart 13.

Kapitalistenklasse. In der weltweit marktwirtschaftlich organisierten Staatenwelt konkurrieren so die einzelnen Staaten gegeneinander um Standortvorteile für die in ihrem Hoheitsbereich tätigen Unternehmen sowie um die über den internationalen Renditevergleich entschiedenen Kapitalanlagen der weltweit tätigen Konzerne.

Allein auf die eigene Kapitalmacht und die darüber hergestellten Produktivitätsvorteile wollen sich in dieser Hinsicht aber selbst die führenden Industrie- und Handelsnationen nicht verlassen. Da jede Seite im Rahmen der marktwirtschaftlichen Konkurrenz der Nationen den eigenen Nutzen maximieren und den Schaden – der sich aus der überlegenen Produktivität anderer Nationen zwangsläufig ergibt – so klein wie möglich halten will, werden die ökonomischen Kräfteverhältnisse durch staatliche Schutzmaßnahmen nach außen bzw. Fördermaßnahmen nach innen ergänzt. Für die ökonomische Auseinandersetzung zwischen den Nationen – den Versuch, Vorteile für die heimische Wirtschaft zu erlangen und die andere Seite mit der Androhung von Gegenmaßnahmen von ebensolchen Maßnahmen abzubringen – bieten sich diverse Aktivitäten an: Subventionen, Abwehrzölle, Industrienormen als versteckte Handelsschranken, bilaterale Handelsabkommen, Freihandelszonen oder direkte Einfuhrkontingentierung sind Ausdruck dafür, dass die Nationalstaaten mit den Mitteln staatlicher Gewalt gegen ihresgleichen um den Reichtum der Welt konkurrieren. Wie sehr eine Nation dabei auf die laufenden Beziehungen zu einer anderen angewiesen ist, also gegebenenfalls zu Konzessionen bereit sein muss, kann sie unmittelbar an dem Ausmaß des Schadens ablesen, den die angedrohte Unterbrechung der eingerichteten Beziehungen oder gar deren Abbruch ihr zufügen würde. Die Ausgestaltung des Anerkennung- und Benutzungsverhältnisses in Form von Handelsabkommen ist daher auch immer eine Frage der ökonomischen Voraussetzungen, mit denen die Nationen gegeneinander antreten. Wirtschaftsbündnisse zwischen »befreundeten« Nationen helfen hier, mit vereinten Kräften Wettbewerbsnachteile abzuwehren und den eigenen Forderungen nach Öffnung fremder Märkte den nötigen Nachdruck zu verleihen. Die relative Schwäche anderer nationaler Wirtschaften wird dabei genutzt, diese vom eigenen Standort abhängig zu machen. Erpressung von Zugeständnissen und damit die Schaffung neuer Rechte gehören zum täglichen Geschäft der Handelsdiplomatie. Der Erfolg in dieser Konkurrenz bestimmt die finanziellen Mittel, über die die Nationen im Wettbewerb zu den anderen Nationen verfügen, und vergrößert zugleich das Potenzial, um auf erweiterter Stufenleiter die eigenen Machtmittel auszubauen. Auf der Grundlage der staatlichen Ge-

waltmittel sortieren die marktwirtschaftlichen Kräfteverhältnisse somit die Staaten im Verhältnis zu ihrem
erfolgreichen Zugriff auf die Reichtümer der Welt.

Die *führenden Industrie- und Handelsländer*, bei denen sich,
wie zu den Hochzeiten des Kolonialismus, die weltweiten Reichtümer ansammeln und die parallel zu ihrer überlegenen Produktivität sowie ihrer unübertreff-
lichen Kapital- und Militärmacht in den entscheidenden Gremien der globalen marktwirtschaftlichen
Weltordnung (IWF, Weltbank, NATO) die ausschlag-
gebenden Stimmen besitzen. Ihre global ausgerichteten Konzerne prüfen im Rahmen ihrer Geschäftskalkulation die anderen Nationen als potenzielle Absatz-
märkte und die dort vorhandene Armut der Bevölkerung als Gelegenheit für rentablere Produktionsstandorte. Der Lohnstückkostenvergleich ist dabei letztlich
ausschlaggebend dafür, was für die Geschäftskalkulation der Unternehmen effizienter ist: ein höheres nati-
onales Lohnniveau inklusive der Kosten für das »Soziale« – welche eine durchrationalisierte Produktion im
Hinblick auf Ausbildung, Volksgesundheit, Moral sowie Einsatzbereitschaft erfordert – oder die an den
Manchester-Kapitalismus erinnernden Arbeitsbedingungen in den Ländern außerhalb der führenden In-
dustrie- und Handelsländer. Die Bevölkerung, die in
den »Hochlohnländern« im Vergleich zum Elend au-

ßerhalb der führenden Weltmächte vermögend erscheint, muss sich in diesem weltweiten Renditevergleich bezogen auf die Anlagemöglichkeiten ihrer Arbeitgeber immer wieder aufs Neue bewähren. Ganz im Sinne des liberalen Leitspruchs der Marktwirtschaft: »Besser ein niedriger Lohn, als keine Arbeit.«

Die »*Schwellenländer*« haben es in dieser Konkurrenz geschafft, als »Niedriglohnländer« Teile der Produktion der global marktführenden Konzerne zu gewinnen, indem sie mit deren Hilfe Arbeitstempo und Produktivität auf weltmarktfähigem Niveau mit den ortsüblichen Hungerlöhnen kombinieren. China und Brasilien, die gemäß dem Index der menschlichen Entwicklung (HDI) der UNDP von 2013 an 91. bzw. 79. Stelle rangieren, konnten sich in dieser Konkurrenz um die für das Geschäft der Produktionsmittelbesitzer günstigsten Produktionsstandorte Anfang des 21. Jahrhunderts zur zweit- bzw. siebtgrößten Wirtschaftsmacht der Welt entwickeln. Die Kontraste zwischen Arm und Reich, sind in diesen Ländern so groß, als wenn die Menschen ein und desselben Landes in zwei verschiedenen Welten lebten.

Die »*Entwicklungsländer*« verfügen zwar ebenso über ein unerschöpfliches und durchaus williges Reservoir an billigen Arbeitskräften, haben aber in der Konkurrenz um die Bereitstellung sonstiger für die unternehmerische Standortentscheidung wesentlicher Infrastrukturleistungen den Wettbewerb gegen die »Schwellenländer« verloren. Da gemessen an den weltweiten Geschäftsmöglichkeiten der Bedarf an der Benützung fremder Arbeitskraft begrenzt ist – die erfolgreiche Vermarktung auf der einen Seite also den Misserfolg auf der anderen einschließt – verfügen die »Entwicklungsländer« neben der größten absoluten »Überbevölkerung« des Weltkapitalismus lediglich über spezielle Naturbedingungen, die sich eventuell verkaufen lassen: die Ausbeutung von Bodenschätzen, die Produktion von Kaffee, Südfrüchten usw. für den Weltmarkt oder die Verwertung landschaftlicher Reize durch die Tourismusindustrie. Die Vermarktung ihrer speziellen Naturbedingungen hat jedoch einen entscheidenden Nachteil. Im Unterschied zu den Exportgütern der führenden Industrieländer entstammen die Exportgüter der »Entwicklungsländer« nämlich nicht einer gewinnträchtigen Produktion für einen eigenen zahlungsfähigen Binnenmarkt. Ihr Export ist nicht der *Überschuss* an sachlichem Reichtum (Maschinen, Konsumgüter etc.), der über die zahlungsfähige Nachfrage im eigenen Land hinaus zusätzliche Marktanteile sucht, und damit das Mittel, den Reichtum anderer Nationen in das Wachstum des eigenen Reichtums einzubeziehen, sondern lediglich die finanzielle Voraussetzung für den Import von hochwertigen Industriegütern. Ihre Geschäfte machen »Entwicklungsländer« somit durch die bloße Veräußerung ihrer natürlichen Reichtümer, ohne durch diese Transaktion die Bedingungen für den Aufbau einer eigenen nationalen Reichtumsproduktion zu schaffen. Die materielle Grundlage der »Entwicklungsländer« liegt *im Rahmen der Marktwirtschaft* damit nicht in ihrem eigenen Herrschaftsbereich, sondern allein im Interesse der erfolgreichen Länder an ihren Rohstoffen.

Natürlich könnten die »Entwicklungsländer« auch in Zusammenarbeit mit gleichgesinnten Nationen die Versorgung ihrer Bevölkerung zum Zweck erklären und auf der Grundlage vergesellschafteter Produktionsmittel planmäßig die vorhandenen Ressourcen dazu nutzen, die erforderlichen Gebrauchsgüter zu produzieren. Da die Regierungen der »Entwicklungsländer« aber auf die Macht des Privateigentums als Quelle ihrer Macht setzen, gibt es mit der fehlenden Aussicht auf Gewinn für die Privatbesitzer der Produktionsmittel keinen vernünftigen Grund, die vorhandenen Ressourcen einschließlich der Arbeitskräfte anzuwenden. Mit der fehlenden zahlungsfähigen Nachfrage im eigenen Land bzw. der erfolgreichen Besetzung der vorhandenen Zahlungsfähigkeit auf den Weltmärkten durch ausländische Wettbewerber verbleibt marktwirtschaftlich in den Entwicklungsländern

156

für Staat und Kapital die Veräußerung der Natur-
schätze in Abhängigkeit vom Interesse der erfolgreichen Länder als einziges Bereicherungsmittel. Das Interesse an den Rohstoffen der »Entwicklungsländer«
schwankt dabei mit den Konjunkturen des Wachs-
tums der erfolgreichen Industrieländer, reduziert sich
oder verschwindet, wenn sich Rohstoffe durch günstigere ersetzen lassen und wird darüber hinaus preis-
lich von der gegenüber dem reichlich vorhandenen
Angebot knappen Nachfrage bestimmt. Wo aber die
Nachfrage den Preis bestimmt, fallen die Preise und
fallende Preise durch ein vermehrtes Angebot zu kom-
pensieren, verdirbt in der Konkurrenz wiederum die
Preise. Begrenzungen der Produktions- bzw. Förder-
mengen zur Stabilisierung der Preise sind für »Entwicklungsländer«, die ihre Einkünfte zu 90% aus Roh-
stoffexporten bestreiten, ebenso keine frei handhab-
bare Alternative. Wie sie sich drehen und wenden, ihr
Staatsreichtum beruht auf nichts anderem als auf un-
beeinflussbaren Anteilen am Erfolg der Reichtumsproduktion in den führenden Industrieländern. Ob er
überhaupt eine ausreichende Grundlage für die Finan-
zierung ihrer bescheidenen Staatsnotwendigkeiten ist,
wird darüber hinaus im 21. Jahrhundert zunehmend
fraglich.

157

In der »*Vierten Welt*« fällt inzwischen eine wachsende Zahl von sogenannten »Failed States« hinter den Status der »Entwicklungsländer« zurück. Für die globalen Geschäftsinteressen findet sich bei ihnen nicht einmal genug Ausnutzbares, bzw. die Preise, die sich auf dem Weltmarkt erzielen lassen, reichen nicht mehr aus, um Städte und Straßen, einen eigenen Verwaltungsapparat oder ein bescheidenes Erziehungs- und Gesundheitswesen zu finanzieren. Da mit dem Ende des »Kalten Krieges« und damit mit dem Untergang einer Alternative zur Konkurrenz auf den Weltmärkten selbst das Interesse des Westens an der Bereitstellung der militärischen Mittel zur Sicherung einer politische Zentralgewalt relativiert ist, erfüllen mehr und mehr Staaten nicht einmal mehr die Mindestanforderungen an Staatlichkeit: das Gewaltmonopol nach innen und ein nach außen gesichertes Territorium. Für das verbleibende Interesse, mit Hilfe von auswärtigem Kapital Rohstoffvorkommen für den Weltmarkt zu erschließen, reichen in vielen Fällen die privaten Wach- und Söldnertrupps der Konzerne sowie Übereinkünfte mit lokalen »Warlords« und Stammesfürsten aus, die damit die Nutznießer der Gelder werden, die aus dem marktwirtschaftlichen Geschäft mit den Rohstoffen abfallen.[82]

---

[82] Ausführlicher in: Hermann Lueer, Warum sterben täglich Menschen im Krieg, Red and Black Books 2018

Warum entwickeln sich also »Entwicklungsländer« nicht? Weil sie sich vom Standpunkt erfolgreicher kapitalistischer Nationen nicht mehr entwickeln müssen. »Die Dritte Welt ist fertig, fertig eingerichtet für ökonomische Zuträgerdienste für eine nationale Akkumulation von Reichtum anderswo. Fertig auch mit der Entwurzelung und Verelendung ihrer Bevölkerungsmehrheit, die zu diesen Diensten gar nichts beiträgt, sondern – vom Standpunkt eines nationalen Haushalts aus betrachtet – größtenteils eine pure ökonomische Belastung ist. Mit Staatskrediten, dem Kapitaleinsatz von Multis und entsprechenden Importregelungen hat der Westen in diesen Ländern die agrarische Produktion und die Rohstoffgewinnung entwickelt, die der Weltmarkt braucht und für die diese Länder qua Natur geeignet, aber aus eigener Kraft gar nicht fähig waren. Der Mangel an weltmarktfähigen Angeboten und Alternativen hat diese souverän gewordenen Länder für ihre Einnahmen und Ausgaben ganz auf den Anbau von Kaffee, Nüssen, Tee, Kakao, Ölsaaten, Kautschuk oder den Abbau von Kupfer und anderen zufällig vorhandenen Rohstoffen verwiesen. Mit auswärtigen Krediten, Firmen und Beteiligungen sind die Plantagen und Förderstätten samt den notwendigen Infrastrukturen auf- und ausgebaut und soweit erforderlich die Landstriche umgekrempelt worden, so dass solche Ländern vollständig davon abhängig sind, welches An-

gebot sie damit für das industrielle Wachstum andern-
orts darstellen. Umgekehrt haben sich die Nachfrager,
die mit Kapital und Kredit selber für das Zustande-
kommen des Angebots gesorgt haben, durch die Di-
versifikation der Anbieterländer, durch die reichliche
Erschließung von Vorkommen und die Ausweitung
der monokulturellen Produktion von bestimmten nationalen Lieferanten unabhängig gemacht. Alles Erforderliche an Grundstoffen für die Konjunkturbe-
dürfnisse kapitalistischer Industrie und Lebensmittel-
herstellung ist reichlich vorhanden samt Transportwe-
gen und anderer Infrastruktur.«[83]

Die vorherrschende marktwirtschaftliche Wirtschaftsordnung des Westens sorgt somit täglich unter dem
Titel Globalisierung für die Sachzwänge, aufgrund derer außer »Hilfe zur Selbsthilfe« für die Verlierer der
Konkurrenz beim besten Willen nichts zu machen ist.
Welthunger, kein Zugang zu sauberem Wasser für ein
Sechstel der Menschheit, bittere Armut und elende Arbeitsbedingungen sind trotz der Wunder der Technik
des 21. Jahrhunderts zur Normalität der globalen
Wirtschaftsordnung geworden. Die Alternative zu diesen Errungenschaften der globalen Marktwirtschaft
beginnt mit der Kritik am unerschütterlichen Glauben
an die Marktwirtschaft.

---

[83] Der Verfall der Dritten Welt, in: GegenStandpunkt 4-1992, S.178f

Kapitel 4
Der unerschütterliche Glaube an die Marktwirtschaft

In einer Resolution der Vereinten Nationen wurde seit 1993 der 22. März eines jeden Jahres zum »Tag des Wassers« erklärt. Der offizielle Zweck des Weltwassertages ist es, sich mit der Bedeutung des Wassers auseinanderzusetzen und es nicht für selbstverständlich anzusehen, dass weltweit eine Milliarde Menschen keinen Zugang zu sauberem Trinkwasser haben. Jedes Jahr wird hierfür unter ein treffendes Motto gestellt. Die Mottos der vergangenen Jahre waren:

2000   Wasser für das 21. Jahrhundert
2001   Wasser und Gesundheit
2002   Wasser für die Entwicklung
2003   Wasser für die Zukunft
2004   Wasser und Desaster
2005   Wasser für das Leben
2006   Wasser und Kultur
2007   Umgang mit Wasserknappheit
2008   Abwasserentsorgung
2009   Wasser und Natur
2010   Reines Wasser für eine gesunde Welt

Offensichtlich reichen Betroffenheit sowie die hieraus formulierten ehrenwerten Absichten und Ideale nicht aus, um die Gründe für Trinkwassermangel, Hunger und zunehmende Verelendung zu beseitigen. Kein Wunder, da bei Gefühlen wie Betroffenheit, Ärger oder Mitleid die Auseinandersetzung mit den Gründen keine besondere Rolle spielt. Richtig oder falsch in der Analyse der Gründe und eine daraus abgeleitete Kritik der vorherrschenden Zwecke, die einer Veränderung der Verhältnisse im Wege stehen, sind bei Betroffenheit nicht Thema. So auch am 16. Oktober, der seit 1979 zum »Welternährungstag« erklärt wurde und seitdem jedes Jahr mit einem schönen Motto daran erinnern soll, dass es nicht selbstverständlich ist, dass weltweit zwei Milliarden Menschen nicht genug zu essen haben.

Wer sich mit der »Globalisierung der Armut« nicht abfinden will, muss der Sache auf den Grund gehen und sich ernsthaft fragen, warum es trotz der Errungenschaften des technischen Fortschritts Armut auf der Welt gibt. Nur wenn man den Grund richtig bestimmt hat, kann man daran arbeiten, die Ursache abzuschaffen. In der Naturwissenschaft wie im praktischen Leben ist dies eine Selbstverständlichkeit. Wenn ein Flugzeug abstürzt, wird nach den Ursachen geforscht, um den nächsten Unfall zu verhindern. Wenn mein Auto liegen bleibt, muss ich den Grund wissen, um es reparieren zu können. Ist der Tank leer, oder liegt ein Motorschaden vor? Welches Teil muss ausgewechselt werden, damit das Auto wieder funktioniert? Ohne sich um die Gründe zu kümmern, es als Ungerechtigkeit zu empfinden, dass das Auto nicht mehr fährt, oder schlicht zu fordern, das Auto solle weiter fahren, würde als ausgesprochene Blödheit wahrgenommen. Im gesellschaftlichen Umgang mit anderen Menschen, im Privatleben, in der Wirtschaft oder in der Politik, gibt es ebenso Gründe für das Verhalten und wer sich an etwas stört, ist gut beraten, ebenso ernsthaft die Gründe zu analysieren, das heißt, die vorherrschenden Interessen und Zwecke zur Kenntnis zu nehmen, statt schlicht ein anderes Verhalten zu verlangen. Einem Einbrecher, der den Zweck verfolgt, sich selbst über einen Diebstahl zu bereichern, und daher keinen Grund hat, auf die Belange seines Opfers Rücksicht zu nehmen, vorzuwerfen, er hätte die Tür oder das Fenster schonender behandeln sollen und die soziale Auswahl seines Opfers wäre ungerecht, ist gemessen an seinem Zweck absurd. Da jeder hier den Zweck klar erkennt, werden vorbeugende Maßnahmen getroffen, der Täter wird verfolgt und es wird versucht, ihm das Handwerk zu legen. Einem Unternehmer, der seinen Gewinn steigert, indem er Mitarbeiter entlässt, die er nicht mehr benötigt, vorzuwerfen, er würde seiner sozialen Verantwortung nicht nachkommen, ist gemessen am Zweck des Unternehmers, sein Kapital zu vermehren, genauso absurd. Es ist eine falsche Kritik. Die Marktwirtschaft soll über das Gewinnstreben gesteuert werden, aber bitte ohne Altersarmut, Straßenkinder und Hungersnöte. Warum soll dann nicht auch der Einbrecher einbrechen, solange er nichts klaut.

Die außerordentlichen Leistungen der Marktwirtschaft

Die »Schattenseiten« der globalisierten Marktwirtschaft sind keinem unbekannt: *Massenelend neben unermesslichen Reichtümern.* Ungeachtet dessen verweisen die Befürworter dieser Wirtschaftsordnung auf die unschlagbaren Vorteile der marktwirtschaftlichen Konkurrenz, die die »Schattenseiten« durchaus rechtfertigen würden: Warenvielfalt statt Mangelwirtschaft, Effizienz statt Unwirtschaftlichkeit, industrieller Fortschritt statt Rückständigkeit, Freiheit statt Kommandowirtschaft sind hier die Stichworte.

Warenvielfalt gilt bei Befürwortern der Marktwirtschaft als besonderes Prädikat dieser Wirtschaftsordnung. Als Ausdruck dafür, dass der Zweck der Marktwirtschaft die optimale Versorgung der Gesellschaftsmitglieder sei. Stimmt das?

Wer die marktwirtschaftliche Warenvielfalt im Hinblick auf den direkten Nutzen für die Bevölkerung hinterfragt, stellt schnell fest, dass der Grund für die Warenvielfalt nicht die Befriedigung individueller Bedürfnisse ist, sondern die Konkurrenz der Produktionsmittelbesitzer um Marktanteile. Warenvielfalt gibt es als *Markenvielfalt* nur, weil die Unternehmen in Konkurrenz gegeneinander mit ähnlichen Gebrauchsgegenständen ein Geschäft machen wollen. Die Vielzahl von Produktvarianten und neuen Modellen der Hersteller von Digitalkameras, Computern, Fernsehern, Autos, Lebensmitteln oder Sanitärartikeln erklärt sich allein über das Bemühen, den Markt im Vergleich zur Konkurrenz erfolgreicher zu besetzen, um darüber die unterschiedlich zahlungsfähigen Kundensegmente besser abschöpfen zu können. Der Verbraucher steht dementsprechend vor zehn bis zwanzig verschiedenen Zahnpasten oder Waschmitteln und kann versuchen, herauszubekommen, welches Produkt qualitativ besser ist – sei es über die Werbeversprechen, denen aus gutem Grund keiner Glauben schenken mag, sei es über das mühsame Studium der Inhaltsstoffe. Wer sich letztlich bei der Entscheidung doch vom Preis leiten lässt, sollte sich fragen, ob eine planmäßige gesellschaftliche Produktion mit dem Zweck, qualitativ gute Gebrauchsgegenstände herzustellen, statt vorrangig den Gewinn im Auge zu haben, für seinen eigenen Versorgungsanspruch nicht passender wäre.

Trotz des zweifelhaften Inhaltes der Produktdifferen-zierung gelten Warenvielfalt in Kaufhäusern und prall gefüllte Schaufenster jedoch als Qualitätsmerkmal für die Marktwirtschaft. Und das, obwohl jeder weiß, dass Waren ihren Preis haben und daher nicht das Bedürf-nis darüber entscheidet, was man nimmt, sondern der persönliche Geldbeutel. Dass Warenvielfalt und Be-dürfnisbefriedigung auch in den erfolgreichen Indust-rieländern, in denen gemäß den offiziellen Armutssta-tistiken 50% der Bevölkerung über lediglich 5% des Vermögens verfügen, zwei unterschiedliche Dinge sind, ist für niemanden ein Geheimnis. Die konkrete Lebensqualität der Bevölkerung – die Qualität von und der Zugang zu Konsumgütern sowie die Reduk-tion der Arbeitsbelastung bzw. Arbeitszeit – ist in der über das Geld gesteuerten und am Geld gemessenen Marktwirtschaft weder Zweck noch Resultat der Pro-duktion. Was die Warenvielfalt für die Konsumenten aber wirklich leistet, ist die marktwirtschaftliche *Illu-sion*, es gäbe zumindest die Möglichkeit, alles zu be-kommen, was das Herz begehrt. Wo auch die noch so kleine zahlungsfähige Nachfrage als Mittel zum Ge-schäft taugt, bieten die Unternehmen in der Tat mit der Warenvielfalt für jeden das Passende: das qualitativ sehr hochwertige Luxusgut und den ungesunden Ramsch. Da bezogen auf den eigenen Geldbeutel die Freiheit der Wahl besteht, steht es somit jedem frei, zu denken: Bio? Nein, das ist es mir nicht wert. Als wenn am Preisschild der eigene Arbeitsaufwand ins Verhältnis zum Nutzen des Arbeitsergebnisses gesetzt würde. Mit dieser Illusion passen dann woorking poor und Warenvielfalt hervorragend zusammen!

Die unsichtbare Hand – der Markt, der alles regelt – wird als *Wechselspiel von Angebot und Nachfrage* gelobt. Das freie Spiel der Kräfte der vom Eigennutz angetriebenen Privateigentümer soll auf dem Markt über Angebot und Nachfrage für eine optimale Koordination von Produktion und Konsumtion sorgen. Stimmt das? An dieser Stelle muss man sich entscheiden. Entweder man mischt sich in den Streit zwischen den Befürwortern der freien Marktkräfte und ihren mehr staatliche Regulierung fordernden Kritikern ein oder stellt die im Ausgangspunkt bereits entscheidende Frage: Welchem *Zweck* soll die marktwirtschaftliche Zuordnung der Ressourcen eigentlich dienen? Tatsache ist, dass in der Marktwirtschaft auf der Nachfrageseite Bedürfnisse nur zählen, wenn über das dafür nötige Geld verfügt wird, und dass seitens der Anbieter nur entwickelt und produziert wird, soweit absehbar ist, dass sich die Produktion für den Anbieter lohnt. Dies zeigt, dass – egal ob mit mehr oder weniger Regeln – von vornherein auf dem Markt nicht die Abstimmung von Produktion und Konsumtion im Sinne einer gemeinschaftlichen Bedürfnisbefriedigung optimiert wird, sondern beide – Anbieter und Nachfrager – sich dem Zweck der Warenproduktion unterwerfen: dem Tauschwert, dem Geld. Im Wechselspiel von Angebot und Nachfrage akzeptieren die Nachfrager so ihren Ausschluss von Dingen, die sie nicht bezahlen können und richten ihre Bedürfnisse entsprechend an ihren Geldbeuteln aus, während die Anbieter die unterschiedliche Zahlungsfähigkeit im Sinne ihrer lohnenden Geschäfte mit Waren aller Art bedienen; billigen und teuren, gesunden und ungesunden.

Die Marktwirtschaft, die Konkurrenz privater Warenbesitzer auf dem Markt, gilt weit und breit als das *effi-*
zienteste Wirtschaftssystem. Die entscheidende Frage
ist allerdings auch hier, auf was sich Effizienz, das Verhältnis von Aufwand zu Ertrag, eigentlich bezieht. Als
ökonomisches Optimierungsprinzip, unabhängig von
einem bestimmten Zweck, bedeutet Effizienz zunächst lediglich »die beste Ausnützung einer Situation,
indem man unter gegebenen Umständen und Mitteln
den höchsten Ertrag erzielt oder mit dem geringsten
Mitteleinsatz einen gegebenen Ertrag erhält.«[84] Wenn
die Versorgung der Bevölkerung der Zweck der Produktion ist, dann zielt Effizienzsteigerung darauf, bei
gegebenen Arbeits- und Mitteleinsatz eine möglichst
umfassende Versorgung bereitzustellen oder den Ar-
beits- und Mittelaufwand, der mit der Bereitstellung
einer bestimmten Versorgungsleistung verbunden ist,
zu reduzieren. Ist demgegenüber, wie bei der Warenproduktion, der Zweck das Geld, dann wird die Mehrheit der Bevölkerung zum Kostenfaktor in der Ge-
winnkalkulation der Minderheit der Produktionsmittelbesitzer. Dann zielt Effizienzsteigerung darauf, bei
gleicher Warenmenge durch Senkung der Produkti-
onskosten (d.h. auf Kosten von Produktqualität und
Arbeitsbedingungen) oder über eine größere Warenmenge bei unveränderten Kosten durch Ausdehnung

---

[84] Horst Claus Recktenwald, Wörterbuch der Wirtschaft, S. 105

und/oder Intensivierung der Arbeitszeit den Gewinn zu steigern.

In diesem Sinne werden in der Marktwirtschaft alle Marktteilnehmer zur Effizienzsteigerung gezwungen. Effizienz bezogen auf das Geld, das die Besitzer der Produktionsmittel mit der Herstellung der Produkte verdienen wollen, und nicht bezogen auf die Arbeitsbedingungen, die Qualität der Produkte bzw. die Umwelt. Sie sind bloß Mittel zum Zweck privater Geldvermehrung. Wie würde man sonst auf die Idee kommen, ungesunde Lebensmittel zu produzieren oder Arbeitsbedingungen zuzulassen, die gesundheitsschädlich sind? Wenn das Geld zum Zweck der Produktion wird, dann wird der Arbeitsaufwand, das, was der Reichtum die Menschen kostet, zum Maßstab des Reichtums. Dann gilt nicht die Gesellschaft am reichsten, die den Aufwand gemessen am reichsten Gebrauchswert-Ertrag reduziert, sondern die, die möglichst viel Geld produziert. Statt die benötigten Gebrauchswerte effektiv mit so wenig Aufwand wie möglich herzustellen, wird bei der Warenproduktion möglichst viel und schnell gearbeitet, um Geld zu verdienen. Überstunden, Nachtarbeit, Wochenendarbeit und schlechte, d.h. billige Arbeitsbedingungen sowie entsprechende Gebrauchswerte verbessern die Chancen, möglichst viel oder, je nach Konkurrenzlage, überhaupt etwas für seine Arbeit zu bekommen.

175

176

Die »unsichtbare Hand der Marktwirtschaft«, die angeblich zum Wohlstand für alle führt, ist nichts anderes als das Wertgesetz, die Gesetzmäßigkeit, mit der in der Konkurrenz auf dem Markt die gesellschaftlich durchschnittliche Arbeitszeit zum Maßstab für den Wert der individuellen Arbeit wird. Die Analyse der Ware hat gezeigt, dass die sogenannte unsichtbare Hand in der Tat die Menschen zur Effizienz treibt, aber zur Effizienz bezogen auf den Zweck der Warenproduktion, den Tauschwert, das Geld! Lebensmittel mit gesundheitsschädigenden Substanzen können bezogen auf Wertproduktion durchaus effizient seien, gefährliche und gesundheitsschädigende Arbeitsbedingungen ebenso. Alte Menschen, die nicht bezahlen können, vernünftig zu pflegen, ist dagegen nicht effizient. Altersarmut, Kinderarmut oder das massenhafte Verhungern in ganzen Landstrichen sind dementsprechend notwendige Begleiterscheinungen eines Wirtschaftssystems, das über die Konkurrenz um das Geld das Verhalten der Menschen steuert.

Der Vorwurf, aus Gleichgültigkeit, Desinteresse oder Egoismus würde nicht genug getan, obwohl die Mittel vorhanden sind, bzw. der moralische Appell, man müsse sich mehr um die Linderung der Armut kümmern, ist falsch, weil er zu kurz greift. Auch der härteste Manager, Fabrikbesitzer, Politiker oder Arbeitgeberpräsident bekommt feuchte Augen, wenn er ein

Kind neben seiner Mutter verhungern sieht – und gespendet wird übrigens auch. Der Grund für Armut und Hunger ist nicht Gleichgültigkeit, zu wenig Mitgefühl, Unwissen oder Egoismus. Die über die Privatisierung der Produktionsmittel auf das Geldverdienen ausgerichtete Wirtschaftsordnung gibt die Regeln vor. Wenn daher bezogen auf große Teile der Welt, in denen Menschen hungern, davon abgeraten wird, Lebensmittel an die Bedürftigen zu verteilen, da sonst der Lebensmittelmarkt völlig zerstört und die Lage langfristig noch aussichtsloser würde, dann spricht das die bittere Wahrheit über die unsichtbare Hand der Marktkräfte aus.[85]

---

[85] „Die USA liefern ihren Überfluss kostenlos in die Hungergebiete der Welt. Doch selbst dieses vermeintlich karitative Werk schadet letztlich den Beschenkten. Die Lebensmittel landen dort oft auf den Märkten und verdrängen die heimische Produktion: Not für die Welt statt Brot für die Welt." Der Spiegel 7.5.2007

179

180

Technischer Fortschritt gilt neben der Warenvielfalt bei Befürwortern der Marktwirtschaft als die Leistung dieser Wirtschaftsordnung. Es wird sogar behauptet, es gäbe ohne die auf den Zweck der Geldvermehrung ausgerichtete Effizienz der Marktwirtschaft keinen technischen Fortschritt, keine Produktivitätssteigerung und damit keinen wachsenden Wohlstand. Mit dem selbstbewussten Lob der Marktwirtschaft wird der Eindruck vermittelt, als ob eine planmäßige Produktion mit dem Zweck der Versorgung der Menschen keine denkbare Alternative zum Privateigentum an Produktionsmitteln und dem dazugehörigen Zweck der Geldvermehrung wäre. Marktwirtschaft wird, wenn man es so sehen will, zum Synonym für Wirtschaft und technischen Fortschritt. Da mögen die Schattenseiten, die der Zweck der Geldvermehrung täglich verursacht, noch so groß sein. Ohne »technischen Fortschritt = Marktwirtschaft« geht es nach dieser Logik nun einmal nicht. So siegt die marktwirtschaftliche Effizienz über die Tagträumerei der Weltverbesserer.

Der technische Fortschritt ist aber keineswegs die besondere Leistung der Marktwirtschaft, sondern die des menschlichen Verstandes und der gesellschaftlichen Arbeitsteilung. Das kapitalistische Produktionsverhältnis gibt lediglich den Zweck vor, auf den bezogen Entwicklung und Produktion vorangetrieben werden.

Wenn Geldvermehrung der *Zweck* der Produktion ist, kommt technischer Fortschritt nur dort zustande, wo er sich in lohnende Geschäfte umsetzen lässt. Dann sind Arbeiter und Natur lediglich Kostenfaktoren in der Investitionsrechnung, ebenso wie die Produkte nur als Mittel zum Zweck der privaten Bereicherung entwickelt werden. Rücksichtnahme auf die Arbeits- und Umweltbedingungen sind in der auf den Zweck der Geldvermehrung ausgerichteten marktwirtschaftlichen Effizienzkalkulation ein Hindernis für den technischen Fortschritt.

Gefangen in der Rationalität der bestehenden Gesellschaftsordnung ist es jedoch selbst für viele Kritiker der marktwirtschaftlichen Verhältnisse nichts als Tagträumerei, die Marktwirtschaft in Frage zu stellen. Gemäß der systemimmanenten Logik – »Marktwirtschaft = technischer Fortschritt« – wird vielmehr jede Verbesserung, die dank des *technischen Fortschritts* für die Arbeitnehmer abfällt, zu einem Erfolg der Dynamik und Effizienz der Marktwirtschaft, für die sich die Opfer über Generationen gelohnt haben und lohnen werden. Ein zynisches Lob der Marktwirtschaft, in dem die Opfer der Mehrheit der Bevölkerung über Generationen zum Vorteil *aller* verklärt werden. Eine unerschütterliche »Logik«, mit der die Parteigänger der Marktwirtschaft diese als das beste aller denkbaren Wirtschaftssysteme loben können. Ungeachtet von

Milliarden von Menschen, deren Bedürfnisse für den Gewinn der Produktionsmittelbesitzer nutzlos sind und die als woorking poor von der wesentlichen Errungenschaft des technischen Fortschritts – der Möglichkeit der Verkürzung ihrer notwendigen Arbeitszeit – weitgehend ausgeschlossen sind.

FREIHEIT STATT KOMMANDOWIRTSCHAFT!

Die *Freiheit* ist das höchste Gut, das der Marktwirtschaft zugeschrieben wird. Für die Freiheit kann keine Schattenseite der Marktwirtschaft zu groß sein. Aber was ist eigentlich der Inhalt der Freiheit, die sich die marktwirtschaftliche Globalisierung auf ihre Fahnen schreibt? Die Freiheit, von der Warenvielfalt zu nehmen, was man will? Die Freiheit, nach Feierabend zu tun, was einem gefällt? Die Freiheit der Berufswahl: Friseur, Mannequin, Putzfrau oder Bankdirektor?

In der Marktwirtschaft leben die Menschen in der Tat in Freiheit. Für die überwiegende Mehrheit der Bevölkerung gilt diese Freiheit allerdings im doppelten Sinn.

Als freie Arbeitnehmer können sie gleichberechtigt auf dem Arbeitsmarkt antreten. Keiner schreibt vor, für was man sich bewirbt oder was man im Anschluss an den Arbeitstag macht bzw. wofür man sein Geld ausgibt. Zugleich ist die überwiegende Mehrheit der Bevölkerung frei von den Mitteln zur Sicherung ihres Lebensunterhaltes. Der tägliche Verkauf der eigenen Arbeitskraft ist das einzige Mittel, um sich mit den im Privatbesitz befindlichen Waren versorgen zu können. Wer den Zuschlag bekommt und zu welchen Konditionen, entscheiden die Besitzer der Produktionsmittel. Wer krank wird, zu alt ist oder einfach das Pech hat, zum Überangebot an Arbeitskräften zu gehören, darf dementsprechend mit zahlungsunfähigen Bedürfnissen die Freiheit der Marktwirtschaft genießen.

Jeder, so heißt es, ist in der Marktwirtschaft seines Glückes Schmied. Aber was passiert, wenn sich fünfzig Leute auf eine Stelle bewerben? Nur einer bekommt sie. Nun kann man aus dem Ergebnis schlussfolgern, dass derjenige dann wohl der Beste gewesen sein muss. Es könnte aber auch auffallen, dass bei aller Anstrengung und Qualifikation nur eine Stelle vorhanden war. Wenn ich mich nur genug anstrenge, werde ich den Hundertmeterlauf gewinnen. Natürlich weiß jeder, dass das nicht stimmt. Die eigene Anstrengung ist nur die eine Seite. In der Konkurrenz entscheidet letztlich, was der andere macht. Wer zu kurze Beine hat, kann sich noch so viel anstrengen, er wird verlieren. Wenn daher die Versorgung der Menschen über die Konkurrenz gegeneinander organisiert wird, gibt es notwendig Gewinner und Verlierer. Wen es trifft, wird als Wettbewerb entschieden. Wer das als verpasste Chance sehen will, übersieht die Notwendigkeit, mit der die über den Zweck der Geldvermehrung gesteuerte Marktwirtschaft Armut und Reichtum erzeugt. Solange das Wirtschaftssystem nicht in Frage gestellt wird, erscheint es dann als Sachnotwendigkeit, als praktisches Interesse, sich den Resultaten der Konkurrenz unterzuordnen. Nur eine Chance verpasst zu haben, spendet hierbei in der Tat den erforderlichen Trost.

Das Ideal der »sozialen Marktwirtschaft«

»Die gerechte Ordnung der Gesellschaft und des Staates ist zentraler Auftrag der Politik. Ein Staat, der nicht durch Gerechtigkeit definiert wäre, wäre nur eine große Räuberbande.«[86]

Es passieren viele unschöne Dinge, aber gerecht geht es zu in der Marktwirtschaft. Die Unternehmer können ihren Geschäftsinteressen nachgehen und im Hinblick auf ihren privaten Vorteil verantwortungsvoll Initiative zeigen. Die Arbeitnehmer haben alle die gleiche Chance, vom Tellerwäscher zum Milliardär aufzusteigen. Die Arbeitslosen und die sogenannten working poor bekommen staatliche Unterstützung, solange absehbar ist, dass sie vielleicht noch einmal gebraucht werden. Und dem Viertel der Menschheit, das für marktwirtschaftliche Geschäftsinteressen uninteressant ist, noch Geld hinterher zu werfen, wäre ungerecht denen gegenüber, die es mit redlicher marktwirtschaftlicher Arbeit erwirtschaftet haben. Wenn das Grundprinzip der Marktwirtschaft – alle sollen mit den ihnen zur Verfügung stehenden Mitteln in Konkurrenz gegeneinander ihren privaten Vorteil verfolgen – kritiklos akzeptiert ist, dann gibt es an den notwendigen Folgen nichts mehr auszusetzen. Die Marktwirtschaft hat ihre immanenten Regeln, die für alle

---

[86] Papst Benedikt XVI., Enzyklika Deus Caritas Est, 26ff

gleichermaßen gelten. Die soziale Hängematte für die auszubreiten, die nicht erfolgreich waren oder nicht bereit sind, als working poor für einen Hungerlohn ihre Arbeitskraft zur Verfügung zu stellen, ist vom Standpunkt des erfolgreichen Unternehmers aus eine glatte Ungerechtigkeit gegenüber seinem verantwortungsvollen und risikoreichen Einsatz.

99% der Menschheit sind mit diesen Zuständen im Prinzip zufrieden. Im Prinzip heißt, die Marktwirtschaft gilt als das einzig denkbare Wirtschaftssystem und jeder pflegt daneben seine privaten Ideale, wie man die Gesellschaft gerechter gestalten könnte. Die Besitzer von Produktionsmitteln streiten mit dem schönen Wort »Liberalismus« für weniger staatliche Vorschriften und damit für ihren privaten Geschäftsvorteil. Die marktwirtschaftlichen Phänomene wie Massenarbeitslosigkeit und Altersarmut würden sich von selbst lösen, wenn die Besitzer der Produktionsmittel nur ungehindert ihren Geschäften nachgehen könnten. Ihr Geschäftserfolg würde damit letztlich für alle zum Wohlstand führen. Der eine oder andere erfolgreiche Arbeitnehmer ist der Meinung, dass das Arbeitslosengeld gesenkt werden sollte, um den Anreiz auf dem Arbeitsmarkt zu erhöhen. »Die liegen uns ja sonst alle auf der Tasche!« Der eine oder andere Arbeitslose ist demgegenüber der Ansicht, es wäre gerechter, mit etwas mehr Arbeitslosengeld ausgestattet zu werden, da er sonst seine Familie nicht versorgen könne. Die Gewinne der Großunternehmen sind zu hoch, ist auch eine verbreitete Meinung. So gibt es endlose Debatten über vermeintliche Gerechtigkeiten und Ungerechtigkeiten, die alle in einem bestärken: Marktwirtschaft müsste eigentlich gar nicht so sein, wie sie ist, wenn es in meinem Sinne gerechter zuginge.

Einerseits wird in dieser Gerechtigkeitsdebatte der Maßstab der privaten Bereicherung als Steuerungsprinzip der Wirtschaft akzeptiert, soll aber andererseits in seinen unschönen Folgen – die Reichen werden immer reicher, die Armen immer ärmer – nicht gelten. Erst ist man begeistert dafür, die Wirtschaft marktwirtschaftlich über den Privatbesitz an Produktionsmitteln und den Stachel der privaten Bereicherung zu organisieren, weil dies so effizient ist, dann findet der eine oder andere dies ungerecht. Die Frage, wie viel Produktionskapazität z.B. für Lebensmittel erforderlich ist, soll nicht am Maßstab der Bedürfnisse der hungernden Menschen, sondern am Maßstab der effizienten privaten Geldvermehrung entschieden werden. Darin sind sich alle Befürworter der Marktwirtschaft einig. Angesichts der notwendigen Folgen einer auf Geldvermehrung ausgerichteten Effizienz – warum soll denn ein Warenproduzent Lebensmittel für Leute produzieren, die, aus welchen Gründen auch immer, nicht bezahlen können? – soll dann der den ökonomischen Prinzipien der Warenproduktion fremde Maßstab der sozialen Gerechtigkeit die unschönen Auswüchse der effizienten Geldvermehrung korrigieren. Nun steht man vor einem Widerspruch. Einerseits soll es privatwirtschaftlich zugehen, andererseits sozial gerecht. Was ist denn überhaupt gerecht? Wer in der marktwirtschaftlichen Konkurrenz um Geschäft und Arbeitsplätze nicht erfolgreich ist, hat nach den Regeln der Marktwirtschaft zu Recht keinen Anspruch auf Teilhabe am Reichtum der Gesellschaft. Wie viel den Erfolglosen dennoch als soziale Korrektur zugestanden werden soll, ist daher eine offene Frage, die jeder gemäß seiner privaten Interessen als gerecht oder ungerecht empfinden kann. Da sich die erfolgreichen Vertreter der liberalen Marktwirtschaft und deren »Kritiker« – die Verfechter einer »sozialen Marktwirtschaft« – in der entscheidenden Frage einig sind – Wirtschaft geht nur marktwirtschaftlich –, wird die Verteilungsfrage konsequenterweise entsprechend marktwirtschaftlicher Kriterien entschieden. Wie viel Korrektur verträgt das lohnende Geschäft? Wenig!

Welthunger, eine Milliarde Menschen ohne Zugang zu sauberem Wasser, Slums, Straßenkinder, Altersarmut, Arbeitslosigkeit, Obdachlosigkeit auch in den reichsten Industrieländern sind daher im 21. Jahrhundert und trotz allem technologischen Fortschritt kein Widerspruch zur ständig geführten Debatte um Verteilungsgerechtigkeit und das erforderliche bzw. zumutbare Ausmaß an sozialer Marktwirtschaft. Sie sind vielmehr die Konsequenz der Einigkeit im Hinblick auf das Wirtschaftssystem. Es werden lediglich die unangenehmen Folgen einer Wirtschaftsform bejammert, die man im Prinzip und damit letztlich auch mit ihren Folgen gut finden will.

Insgesamt zählt »Forbes« für 2018 2.208 Milliardäre, so viele wie noch nie. Gemeinsam besitzen sie die stolze Summe von 9.1 Billionen Dollar. Daneben gibt es nach Angaben der Welthungerhilfe ca. zwei Milliarden Menschen, die unterernährt sind.[87] Ein Verteilungsproblem? Profitgier und Gewinnmaximierung statt angemessener Gewinne für die Besitzer der Produktionsmittel? Was ist eigentlich angemessen? Die Hälfte, ein Drittel oder ein Fünftel?

Die Bekanntgabe von Rekordgewinnen bei gleichzeitiger Ankündigung von Massenentlassungen wird von der Börse zu Recht mit Kurssteigerungen belohnt. Genauso geht erfolgreiches Unternehmertum, das gemäß der marktwirtschaftlichen Wirtschaftsordnung die Triebfeder des Wohlstands für alle sein soll. Ständig an der Kostenschraube zu drehen, ist ein Gebot der Wettbewerbsfähigkeit. Die stattlichen Gewinne, die nicht trotz, sondern wegen der Entlassungen zustande kommen, setzen sofort Maßstäbe für die Konkurrenten. Für die einen geht es darum, im Wettbewerb überhaupt zu bestehen, für die anderen bietet sich eine interessante Renditechance, die entsprechende Investitionen rechtfertigt. Wenn die Konkurrenten dann ähnlich erfolgreich Produktivitätssteigerungen umgesetzt haben, reduzieren sich die Rekordgewinne wieder auf

---

[87] http://www.welthungerhilfe.de/hunger.html

ein »Normalniveau«. Wer nicht mitzieht, hätte in der Tat seine Wettbewerbsfähigkeit verloren. Die Kritik, hier wäre Profitgier oder übertriebene Gewinnmaximierung am Werk, weiß ja selbst nicht, wo ein anständiger Gewinn anfängt oder aufhört.

Was ein angemessener Gewinn ist, bestimmt in der Marktwirtschaft die Konkurrenz. Wirtschaftswachstum – die zunehmende Bereicherung der Besitzer von Produktionsmitteln über die ständige Akkumulation des aus dem Mehrwert gewonnenen Kapitals – wird marktwirtschaftlich zum Mittel des Konkurrenzkampfes. Der Konkurrenzkampf zwischen den Unternehmen wird über die Produktivität der Arbeit geführt. Die Produktivität hängt wesentlich von der Größe der Produktion ab. »Die größeren Kapitale schlagen daher die kleineren. [...] Die kleineren Kapitale drängen sich [...] in Produktionssphären, deren sich die große Industrie nur noch sporadisch oder unvollkommen bemächtigt hat. Die Konkurrenz rast hier im direkten Verhältnis zur Anzahl und im umgekehrten Verhältnis zur Größe der rivalisierenden Kapitale. Sie endet stets mit Untergang vieler kleinerer Kapitalisten, deren Kapitale teils in die Hand des Siegers übergehen, teils untergehen.[88]

Die Konkurrenz zwingt die Kapitalisten dazu, die Produktivkraftsteigerung, mit der einer anfängt, mitzumachen. Dabei »setzt jeder Kapitalist alle anderen Kapitalisten genauso unter Druck, wie er von ihnen unter Druck gesetzt wird. Und alle tun sie dies, indem sie einem blinden "Sachzwang" folgen. Auch wenn ein

---

[88] Karl Marx, Das Kapital, Bd. 1, S. 654f

Kapitalist als Person noch so genügsam sein mag - sofern er Kapitalist bleiben will, kann er sich der Jagd nach einem immer größeren Gewinn nicht entziehen.«[89] Die rastlose »Bewegung des Immer-noch-Mehr-Gewinnens hört sich vielleicht absurd an. Doch geht es hier nicht um eine individuelle Verrücktheit. Die einzelnen Kapitalisten werden zu dieser Bewegung des rastlosen Gewinnens (beständige Akkumulation, Ausweitung der Produktion, Einführung neuer Techniken etc.) durch die Konkurrenz der anderen Kapitalisten gezwungen: Wird nicht akkumuliert, wird nicht der Produktionsapparat ständig modernisiert, droht das eigene Unternehmen von Konkurrenten, die billiger produzieren oder bessere Produkte herstellen, überrollt zu werden. Will sich ein einzelner Kapitalist der ständigen Akkumulation und Innovation entziehen, droht ihm der Bankrott. Er ist deshalb gezwungen mitzumachen, ob er will oder nicht [...] "Maßloses Gewinnstreben" ist im Kapitalismus kein moralischer Mangel der Einzelnen, sondern notwendig, um als Kapitalist zu überleben.«[90] Wenn es dem Kapitalisten in der Konkurrenz nicht gelingt, seine Arbeitskräfte zu mehr Produktivität anzutreiben, steht am Ende statt der angestrebten Bereicherung der Konkurs. Die un-

---

[89] Michael Heinrich, Kritik der politischen Ökonomie, S.106f
[90] Michael Heinrich, Kritik der politischen Ökonomie, S. 14f

sichtbare Hand der Marktkräfte zwingt so alle zur Effizienz – Effizienz bezogen auf den Zweck der Warenproduktion, den Tauschwert, das Geld! Und wenn es einigen Arbeitgebern und ihren Managern tatsächlich gelingt, sich hierüber zu bereichern, dann ist das nicht der Witz. Das Elend der Marktwirtschaft ist kein Verteilungsproblem. Es ist grundsätzlicher.

Würden die 9,1 Billionen $ der 2.208 Milliardäre auf die zwei Milliarden unterernährten Menschen aufgeteilt, würde jeder mit den zusätzlichen 4.550 $ besser über die nächsten Monate kommen. An der auf Geldvermehrung ausgerichteten Organisation der Wirtschaft würde dies nichts ändern. Solange die Wirtschaft auf der Grundlage von privatisierten Produktionsmitteln als Warenproduktion organisiert ist, bleibt der Zweck das Geld und seine grenzenlose Vermehrung als Kapital. Die Gebrauchswerte und die Arbeitsbedingungen sind hier zum bloßen Mittel degradiert. Die Bedürfnisbefriedigung der Gesellschaftsmitglieder ist nicht Zweck, sondern kommt nur in dem Maße zustande, wie jemand in der Konkurrenz in der Lage ist, sich Geld zu verschaffen. In der Marktwirtschaft geht es nicht darum, unter Berücksichtigung der Arbeitsbedingungen die Herstellung und Verteilung nützlicher Gebrauchsgegenstände effizient zu organisieren, sondern darum, Geld zu vermehren. Reichtum wird in der Marktwirtschaft in Geld gemessen, ein abstrakter Wert, für dessen Vermehrung nie lange und intensiv genug gearbeitet werden kann. Der Kauf und die wertschaffende Anwendung der Arbeitskraft – andere für sich arbeiten zu lassen – sind der Schlüssel zum privaten Erfolg. Der angesichts der Armut ungeheuerliche Reichtum, die Verschwendung und Zurschaustellung des Luxus als Ausdrucks des Erfolges stellt lediglich die Spitze des Eisberges dar.

Wer meint, die Marktwirtschaft wäre ein bloßes Verteilungsproblem, mit etwas weniger Gewinn wäre alles in Ordnung, hat die Gesetzmäßigkeiten der Marktwirtschaft nicht verstanden. Wenn die Oligarchen zwei Luxusjachten weniger kaufen könnten oder ihr Geld auch nur für Kunstposter ausreichen würde, ändert das nichts daran, dass nach marktwirtschaftlichen Kriterien im Hinblick auf Entwicklung und Produktion nur dort etwas in Bewegung gesetzt wird, wo es sich für den Besitzer der Produktionsmittel lohnt. Auch die Menschen, die für die lohnende private Anwendung nicht gebraucht werden, wären weiterhin überflüssig und die, die lohnend anwendbar sind, müssten sich möglichst lange und intensiv verausgaben, damit *die Wirtschaft* wächst. Der gerne kritisierte Konsum und Luxus der Erfolgreichen ist nicht das Entscheidende. Es ist nicht das Mehr oder Weniger an Gewinn – an welchem Maßstab sollte man da auch die

Grenze ziehen –, sondern das Produktionsverhältnis, in dem nicht die Versorgung der Menschen der Zweck ist, sondern die Vermehrung des Geldes. Umverteilung ändert nichts daran, dass die Geldvermehrung, der Gewinn, der Maßstab der Produktionsentscheidung ist und damit darüber entscheidet, *was, ob überhaupt, für wen* und *unter welchen Arbeitsbedingungen* produziert wird.

Die Kritiker des »Neo-Liberalismus« wollen die Gründe für das Elend der Marktwirtschaft nicht beseitigen. Statt sich für eine planmäßige gesellschaftliche Produktion und Verteilung mit dem Zweck der Versorgung der Menschen einzusetzen, wollen sie im Rahmen der sozialen Marktwirtschaft die Frage, was, wie und für wen produziert wird, ebenso wie die Verfechter freier Marktkräfte durch den Zweck der privaten Geldvermehrung entscheiden lassen. Die »soziale Marktwirtschaft« soll nach marktwirtschaftlichen Prinzipien funktionieren, aber besser sein als die freie unregulierte Marktwirtschaft. Die ökonomischen Gegensätze, die über die Produktion von Waren sowie ihren Verkauf das gesellschaftliche Miteinander der Menschen bestimmen, sollen weiter gelten. Ebenso das Recht auf Eigentum an Produktionsmitteln und damit die Mittellosigkeit derer, die aus welchen Gründen auch immer nicht zu diesem privilegierten Kreis gehören. Auf die Effizienz der »freien Marktwirtschaft« wollen die Anhänger der »sozialen Marktwirtschaft« nicht verzichten. Lediglich die Kosten, die infolge effizienter Arbeitsbedingungen, effizienter Kinder- und Altenbetreuung, effizienter Bildungspolitik, effizienter Umweltpolitik usw. anfallen, sollen durch sozialstaatliche Regulierung vermieden werden. Wer soll die Kosten dann tragen? Etwa die »Wirtschaft«, die gerade aus Effizienzgründen und im Hinblick auf »unsere« Wettbewerbsfähigkeit zur Sicherung der heimischen Arbeitsplätze diese Kosten nicht tragen kann?

Das Ideal einer sozialstaatlich geregelten Marktwirtschaft leistet sich den Widerspruch, die auf den Zweck der privaten Geldvermehrung ausgerichtete Effizienz ohne die durch diese Effizienzkalkulation verursachten Folgen haben zu wollen. Trotz der wachsenden Kluft zwischen Armut und Reichtum, trotz steigender Arbeitslosigkeit, trotz wachsender Altersarmut, trotz Straßenkindern und Bildungsnotstand, trotz irreführender Werbung, Lebensmittel- und Umweltskandalen, trotz Berufskrankheiten, trotz Hunger und Elend außerhalb der reichen Industrieländer fordern die Kritiker des Neoliberalismus nicht den Grund, das Eigentum an Produktionsmitteln, abzuschaffen, sondern die sozialstaatliche Reglementierung des Marktes als Umgang mit den notwendigen Folgen. Da der Ausgangspunkt dieser Forderung die Parteinahme für die Marktwirtschaft als beste Form der Wirtschaftssteuerung ist, liegen die engen Grenzen des zumutbaren Regulierungsbedarfes bereits fest. Die Wettbewerbsfähigkeit der Unternehmen darf nicht ernsthaft gefährdet werden! Die Grundlage dafür, was, ob überhaupt bzw. für wen produziert wird, ist schließlich das Erfolg versprechende Geschäft, die privatwirtschaftliche Bereicherung, und nicht die planmäßige gesellschaftliche Organisation, Gebrauchsgegenstände zum Zwecke der Versorgung der Gemeinschaft zu produzieren. »Können wir uns den Sozialstaat leisten?« ist daher die zwangsläufig aufkommende Frage, die angesichts des sozialen Elends von Parteigängern der Marktwirtschaft diskutiert wird. Beantwortet wird die Frage von der Konkurrenz auf dem Markt und da man sich im Ausgangspunkt einig ist, muss es dann wohl auch so sein, wie es ist. Arbeitslosenunterstützung, Sozialhilfe, Arbeitsschutzgesetze, Umweltschutzgesetze, Lebensmittelgesetze usw. orientieren sich an dem in der marktwirtschaftlichen Konkurrenz machbaren. Alles andere wäre reine Traumtänzerei.

Da die notwendigen Folgen der Konkurrenz ohne jegliche staatliche Kompensation jedoch derart verheerend für die Mehrheit der Bevölkerung sind, dass selbst eine geregelte Reproduktion der Arbeitskräfte nicht sichergestellt ist, haben sich sozialpolitische Maßnahmen als Ausnahme von der Regel dort durchgesetzt, wo der Großteil der Bevölkerung marktwirtschaftlich genutzt werden kann. Kurzfristige Krankheit oder Arbeitslosigkeit soll nicht dazu führen, dass die Menschen in Folge ihrer Mittellosigkeit verwahrlosen und damit nicht mehr zur Verfügung stehen, wenn sie wieder von den Unternehmen gebraucht werden. Hier sind gegebenenfalls Qualifizierung- oder Umschulungsmaßnahmen und eine eingeschränkte Versorgung marktwirtschaftlich vertretbar, die genug Anreiz lässt, die Arbeitskraft aktiv auf dem Arbeitsmarkt anzubieten. Je mehr und je länger Menschen arbeitslos, also für die marktwirtschaftliche Produktion überflüssig sind, desto mehr wird der sozialstaatliche Aufwand gekürzt. In weniger erfolgreichen Ländern, wo die Arbeitslosigkeit einen Großteil der Bevölkerung betrifft, wo also mehr als genug Arbeitskräfte um die vorhandenen Arbeitsplätze konkurrieren, sind sozialstaatliche Regelungen aus marktwirtschaftlicher Sicht Verschwendung von Ressourcen, die auf der Kapitalseite besser eingesetzt sind. Der Großteil der Bevölkerung lebt in diesen Ländern neben dem vorhandenen Reichtum der Nation in absoluter Verelendung. Polizei und Militär sorgen hier dafür, dass das Recht auf Eigentum an Produktionsmitteln trotzdem respektiert wird, während gleichzeitig auf Seiten der Nutznießer der Eigentumsordnung die marktwirtschaftliche Vernunft der durchaus vorhandenen Barmherzigkeit enge Grenzen setzt.

Der Anfang und das Ende der Barmherzigkeit

»Wir werden keine Mühen scheuen, um unsere Mitmenschen – Männer, Frauen und Kinder – aus den erbärmlichen und entmenschlichenden Lebensbedingungen der extremen Armut zu befreien, in der derzeit mehr als eine Milliarde von ihnen gefangen sind.« [91]

Am 8. September 2000 bekräftigten rund 150 Mitgliedsstaaten der Vereinten Nationen in der Millenniumserklärung den bereits 1996 entwickelten Aktionsplan zur Halbierung der extremen Armut. Ausgehend vom Basisjahr 1990 sollte bis 2015 der Anteil Menschen, die Hunger leiden, halbiert werden. Ein merkwürdiges Ziel. In 25 fünfzehn Jahren sollte die Anzahl der Menschen, die an Hunger leiden, lediglich halbiert werden. Millionen Menschen werden demnach elendiglich an den Folgen von Unterernährung sterben, bis das Ziel erreicht ist, und wenn das Ziel dann erreicht ist, verhungern nur noch 18 Millionen jährlich.

Wer die Millenniumserklärung der Vereinten Nationen gut findet, muss Gründe haben, warum alles andere unrealistisch und überambitioniert wäre. Einfach

---

[91]   https://en.wikipedia.org/wiki/Millennium_Development_Goals

die Entwicklung, Produktion und Verteilung der Güter so zu organisieren, dass eine Versorgung der Menschen zustande kommt, erscheint absurd zu sein. Warum? Weil die Marktwirtschaft so nicht funktioniert.
In der Marktwirtschaft wird nur produziert, wenn Geschäfte gemacht werden. Es muss sich für jemanden
lohnen, damit produziert und verteilt wird und die, die
in der Konkurrenz bisher nicht so erfolgreich waren,
müssen selbst erfolgreich verkaufen, damit sie über
das notwendige Geld verfügen, um ihre Bedürfnisse
befriedigen zu können. Bedürftigkeit für sich genommen ist in dieser Produktionsweise kein Argument. Sie
muss sich erst als zahlungsfähig erweisen, dann wird
sie ernst genommen. Selbstverständlich soll den
Ärmsten der Armen geholfen werden, aber mit Au-
genmaß und Realismus und in dem festen Bewusstsein, dass die marktwirtschaftlichen Grundrechnungs-
arten natürlich weiter gelten müssen.

»Die Herausforderung für unsere Generation besteht
darin, den Ärmsten der Armen dabei zu helfen, dem
Elend der extremen Armut zu entrinnen, damit sie in
die Lage versetzt werden, die Entwicklungsleiter aus
eigener Kraft zu erklimmen«, schreibt der für seine Arbeit als Regierungsberater international anerkannte
Direktor des Earth Instituts und Leiter des UN-Mil-
lennium-Projekts, Jeffrey Sachs, in seinem Buch: »Das

Ende der Armut«.[92] Der Fachmann Sachs kennt das Elend der Welt, er beschönigt nichts, und man sollte ihm auch nicht unterstellen, er wolle nicht helfen. Seine kümmerlichen Angebote zur Hilfe haben ihren Grund. »Die Arbeit in den Textilfabriken überall in den Entwicklungsländern hat nichts Reizvolles an sich. Die Frauen legen einen bis zu zweistündigen Fußweg zur und von der Arbeit in langen, ruhigen Schlangen zurück. Haben sie um sieben oder halb acht Uhr die Fabrik erreicht, müssen sie an ihrem zwölf-stündigen Arbeitstag die meiste Zeit an ihrem Platz sitzen bleiben. Häufig arbeiten sie ohne Unterlass, vielleicht mit einer kurzen Mittagspause, und haben kaum eine Möglichkeit, auf Toilette zu gehen. Begehrliche Vorgesetzte beugen sich über sie, und sie müssen stets auf sexuelle Belästigungen gefasst sein. [...] Dennoch sollten die Protestierer aus den reichen Ländern eigentlich den Ausbau derartiger Arbeitsplätze fördern. [...] Denn diese jungen Frauen haben bereits eine Ausgangsbasis in der modernen Wirtschaft und sich damit einen entscheidenden, messbaren Schritt von den Dörfern in Malawi entfernt. [...] Die Arbeitsplätze in den Ausbeuterbetrieben sind die erste Sprosse auf der Leiter, die aus der extremen Armut herausführt.«[93]

---

[92] Jeffrey Sachs, Das Ende der Armut, 2005, S. 39
[93] Jeffrey Sachs, Das Ende der Armut, 2005, S. 23f

Solche Horrorzustände haben also auch ihr Positives, wenn man sie nur in die richtige Perspektive einordnet. »Wenn Länder ihren Fuß erst einmal auf die unterste Sprosse der Entwicklungsleiter gesetzt haben, sind sie im Allgemeinen in der Lage, auch die nächste Sprosse zu erklimmen. Auf jeder neuen Sprosse greifen positive Entwicklungen dann enger ineinander: höherer Kapitalstock, größere Spezialisierung, modernere Technik und eine geringere Geburtenrate. Wenn ein Land so tief in der Armut steckt, dass es selbst die unterste Sprosse verfehlt, kann der Prozess gar nicht erst einsetzen. Das Hauptziel besteht also darin, den ärmsten Ländern dabei zu helfen, den Fuß auf die unterste Sprosse zu setzen. Die reichen Länder sind nicht aufgefordert, so viel Geld in die armen Länder zu stecken, dass diese schnell reich werden. Sie müssen nur so viel investieren, dass diese Länder überhaupt auf die Leiter kommen. Danach sind diese in der Lage, den Weg zu anhaltendem Wirtschaftswachstum selbst zu gehen. Wirtschaftliche Entwicklung funktioniert. Sie kann gelingen. Sie trägt sich in der Regel selbst. Aber sie muss in Gang gesetzt werden.«[94]

Wenn die Menschen in den armen Ländern erst einmal ihre Füße auf der untersten Sprosse der marktwirt-

---

[94] Jeffrey Sachs, Das Ende der Armut, 2005, S. 94

schaftlichen Entwicklungsleiter haben, ist gemäß dieser idealisierten Vorstellung der kapitalistischen Konkurrenz wahrscheinlich für viele Entwicklungsländer selbst der Weg zum Exportweltmeister nur eine Frage der Zeit. Wohin diese wundersame Leiter jedoch führt, wenn tatsächlich einige trotz der Konkurrenz oben ankommen, lässt sich am Beispiel der USA studieren. Der Nation mit dem höchsten Pro-Kopf-Einkommen, wenn man die Einkommen der Arbeits- und Obdachlosen, der 40 Millionen working poor, der Fabrikarbeiter und einfachen Angestellten sowie der Millionäre und Milliardäre addiert und durch die Anzahl der Bevölkerung teilt. Auch wenn auf der obersten Sprosse der marktwirtschaftlichen Leiter vielleicht keiner verhungern muss, ändert dies nichts daran, dass die Mittellosigkeit der Mehrheit der Bevölkerung die Grundlage dieser Sorte Reichtumsproduktion ist. Produziert wird in der Marktwirtschaft nur, wenn es sich für die Besitzer der Produktionsmittel lohnt, wenn aus dem investierten Geld mehr Geld gemacht werden kann. Die Differenz zwischen dem Preis der Ware Arbeitskraft und dem Wert der Waren, die sie schafft, ist das Geheimnis der Geschäftemacherei. Produktive Armut ist ihre Bedingung, das heißt die Fähigkeit und die Notwendigkeit der eigentumslosen Bevölkerung, täglich ihre Arbeitskraft zur nutzbringenden Anwendung für die Vermehrung fremden Eigentums anzubieten.

Wenn Professor Sachs vom »Ende der Armut« spricht, geht es ihm darum sicherzustellen, »dass alle Armen der Welt, auch diejenigen, die nicht an ihrer extremen Form leiden, eine Chance haben, auf der Entwicklungsleiter nach oben zu gelangen.«[95] »Die Investitionen würden sich also schon bald nicht nur in Form geretteter Menschenleben, gut ausgebildeter Kinder und aufrechterhaltener Gemeinden, sondern auch durch direkte kommerzielle Einkünfte amortisieren.«[96] »So gesehen, ist die Auslandshilfe kein Almosen, sondern eine Investition, die eine endgültige Befreiung aus der Armutsfalle ermöglicht.«[97] Der Maßstab des Reichtums soll das Geld sein und bestimmt damit auf jeder Stufenleiter der marktwirtschaftlichen Konkurrenz, dass es nicht um Versorgung bei gleichzeitiger Verringerung des Arbeitsaufwandes, sondern um Geldvermehrung durch möglichst lange, intensive und produktive Verausgabung von gesellschaftlicher Durchschnittsarbeit geht. Effiziente, d.h. ausnutzbare Löhne und Gehälter, möglichst lange und intensive Arbeitstage, Gebrauchswerte in vielfach abgestufter Qualität für jeden Geldbeutel und die zunehmend offene Frage, ob man im Alter überhaupt noch über Zahlungsfähigkeit verfügt, prägen so auch auf den

---

[95] Jeffrey Sachs, Das Ende der Armut, 2005, S. 39
[96] Jeffrey Sachs, Das Ende der Armut, 2005, S. 290
[97] Jeffrey Sachs, Das Ende der Armut, 2005, S. 303

oberen Stufen der Leiter den marktwirtschaftlichen Alltag für die Mehrheit der Bevölkerung.

Produktive Armut statt extremer Armut ist alles, was sich ein strenger Verfechter der Marktwirtschaft denken kann, und Hilfe zur Selbsthilfe das Einzige, was zur Beseitigung der extremen Armut machbar ist. Das bedeutet, denen, die in der Konkurrenz um das lohnende Geschäft den Kürzeren gezogen haben, soll geholfen werden, gegen die, die in der Konkurrenz erfolgreich waren, selbst erfolgreich zu werden. Wenn sie dann immer noch nicht erfolgreich sind, kann ihnen auch keiner mehr helfen. So funktioniert die Marktwirtschaft. Wer das normal findet, sollte sich dann auch nicht wundern, wenn immer wieder neue Ziele gesetzt werden, weil die alten, gemessen am Zweck, Geschäfte zu machen, vielleicht doch unrealistisch und überambitioniert waren.

»Hilfe hat geholfen, die Armen ärmer zu machen und das Wachstum langsamer. [...] Millionen in Afrika sind heute wegen der Hilfe ärmer; Elend und Armut wurden nicht beendet, sondern sind gewachsen. Hilfe war und ist ein vollkommenes politisches, ökonomisches und humanitäres Desaster für die meisten Teile der Dritten Welt.«[98] »Es ist Zeit, damit aufzuhören, zu behaupten, das zur Zeit bestehende auf Hilfe gegründete Entwicklungsmodell würde nachhaltiges Wirtschaftswachstum in den ärmsten Ländern der Welt erzeugen. Es wird es nicht. [...] die Abhängigkeit von Hilfe hat nicht funktioniert. Lasst uns den Kreislauf stoppen.«[99]

In ihrem Bestseller »Dead Aid« bebildert die in Sambia aufgewachsene frühere Goldman Sachs Mitarbeiterin Dambisa Moyo die »tödliche Hilfe« am Beispiel eines afrikanischen Mückennetzproduzenten, der infolge einer Wohltätigkeitsaktion und der darüber finanzierten und kostenlos verteilten Mückennetze in den Bankrott getrieben wird und seine zehn Mitarbeiter entlassen muss. Die Tatsache, dass in der Marktwirtschaft der Zweck der Produktion der Gelderwerb ist und daher die Verteilung von Hilfsgütern die Märkte untergräbt, versteht Dambisa Moyo nicht als Kritik an der markt-

---

[98] Dambisa Moyo, Dead Aid, 2010, S. xix
[99] Dambisa Moyo, Dead Aid, 2010, S. 144 ff

wirtschaftlichen Produktionsweise, sondern als Anlass, das Ende der Hilfe zu fordern. »Lasst uns handeln« setzt sie gegen »Entwicklungshilfe« als Motto. Dabei weiß sie natürlich auch, dass Handel in beide Richtungen funktioniert. »Es gibt natürlich das Risiko, dass billigere chinesische Waren die der afrikanischen Produzenten unterbieten und damit unseren Mückennetzproduzenten zur Geschäftsaufgabe zwingen. Er ist definitiv aus dem Geschäft im Hilfeszenario und vielleicht auch im chinesischen Handelsszenario, aber der wesentliche Punkt ist hier differenzierter. Ausschlaggebend ist, dass unter dem Regime der Hilfe für ihn nichts mehr zu tun ist – er lebt in einer sterilen Landschaft, Gelegenheiten sind selten und Korruption weit verbreitet. Im Handelsszenario gibt es selbst bei etwas Korruption im Überfluss vorhandene Möglichkeiten, eine blühende Wirtschaft, Menschen, die kaufen und verkaufen. Unser Mückennetzproduzent, der gezwungen wird die Mückennetzproduktion aufzugeben, beginnt vielleicht Haarnetze für die bourgeoise Mittelschicht herzustellen oder er muss sich in einer anderen Weise neuausrichten. Der Punkt ist, so hartherzig es klingt, es ist besser mit ökonomischer Not in einer blühenden Wirtschaft konfrontiert zu sein, als in einer von Hilfe abhängigen Wirtschaft, wo es keine Aussichten gibt. Der Mückenmann lebt.«[100]

---

[100] Dambisa Moyo, Dead Aid, 2010, S.122

Mit dem Zynismus, den Menschen etwas als ihren Vorteil zu präsentieren, wovon man weiß, dass es ihr Schaden ist, fordert Dambisa Moyo die ruinösen Wirkungen der Marktwirtschaft durch mehr Marktwirtschaft zu bekämpfen. »Für Afrika ist das eine goldene Gelegenheit. [...] Afrikanische Arbeit ist nicht teurer als asiatische Arbeit – das Gegenteil ist der Fall. Allein bezogen auf die Löhne sollte Afrika die weltweiten Industrieschlote dominieren.«[101] Einer Fanatikerin der Marktwirtschaft, die Armut der Bevölkerungsmehrheit als hervorragende Grundlage für die Reichtumsproduktion feiert, fehlen dann auch jegliche Skrupel, wenn es um die Durchsetzung der marktwirtschaftlichen Eigentumsordnung geht: Notfalls müssen die Menschen eben zu »ihrem« Glück gezwungen werden: »Was arme Länder auf der untersten Sprosse der ökonomischen Entwicklung brauchen ist nicht eine Mehrparteiendemokratie, sondern in der Tat ein entschlussfreudiger wohlwollender Diktator, um die erforderlichen Reformen durchzusetzen, um die Wirtschaft zu bewegen [...] Pinochets Chile und Fujimoris Peru sind Beispiele von wirtschaftlichem Erfolg in Ländern frei von Demokratie. Der Grund für diese "Anomalität" ist, dass jeder dieser Diktatoren, was auch immer seine zahlreichen Fehler waren, in der Lage war, einen An-

---

[101] Dambisa Moyo, Dead Aid, 2010, S. 120f

flug von Eigentumsrechten, funktionierenden Institutionen, wachstumsfördernder Politik (z. B. in Fiskal- und Geldpolitik) und ein Investitionsklima, das Wachstum stützte, sicherzustellen. [...] Damit soll nicht gesagt sein, dass Pinochets Chile ein angenehmer Platz zum Leben war; es zeigt jedoch, dass Demokratie nicht der einzige Weg zum wirtschaftlichen Triumph ist.«[102] Der wirtschaftliche Triumph bestand in Chile darin, dass die Wirtschaft einschließlich der Unternehmensgewinne wuchs, während die Arbeitslosigkeit der für lohnende Produktion überflüssig gemachten Bevölkerung von 5 auf über 20 Prozent anstiegt und parallel hierzu die Sozialleistungen des Staates einschließlich der Ausgaben für Gesundheit und Erziehung drastisch gekürzt wurden. Der Großteil der Sozialversicherung wurde privatisiert, Arbeitgeberbeteiligung und Solidarausgleich wurden ebenso wie Arbeitsschutzgesetzte auf breiter Linie abgeschafft. Die Gewerkschaften wurden verboten oder verloren ihr Streikrecht. Die Löhne waren 1980 (also sieben Jahre nach dem Putsch) 17 % niedriger als vor Allende. Der Anteil der Ärmsten 40 % der Bevölkerung am BIP sank von 15,2% in 1974 auf 10,4% in 1988. Kritiker wurden zu Tausenden gefoltert und ermordet und mehrere Hunderttausend Chilenen mussten im Ausland Asyl suchen.

---

[102] Dambisa Moyo, Dead Aid, 2010, S. 42f

Unter dem Dogma »Wirtschaft gleich Marktwirtschaft« kommt der deutsche Diplomat Volker Seitz als
Kenner der »Entwicklungspolitik« zu ebenso radikalen
Forderungen: »Auch wenn das auf den ersten Blick zynisch klingt: Sogar Nahrungsmittellieferungen sollten
wir in Zukunft in Frage stellen, denn sie verstärken die
Not. Die Bauern der Entwicklungsländer werden
durch ausländische Nahrungshilfe ruiniert und ziehen
sich auf die reine Subsistenzwirtschaft zurück. Sie
bauen also nur für ihren eigenen Bedarf an. Das heißt,
sie haben kein zusätzliches Einkommen mehr durch
den Verkauf ihrer Produkte, versorgen den örtlichen
Markt nicht mehr, verarmen selbst und vergrößern die
Elendsbevölkerung in den großstädtischen Slums
...«[103]

Lebensmittelhilfe ist in einer Gesellschaft in der Tat
kontraproduktiv, in der die Bevölkerungsmehrheit
von den in Privatbesitz befindlichen Produktionsmitteln ausgeschlossen ist und in der daher sämtliche Lebensmittel als Geschäftsmittel in Warenform nur gegen Geld zugänglich gemacht werden. Güter planmäßig und mit gemeinschaftlichen Produktionsmitteln
zum Zweck der Versorgung herzustellen und zu verteilen, ist ein Widerspruch zum Markt, wo die Versor-

---

[103] Volker Seitz, Afrika wird armregiert, 2010, S. 71

gung der Bevölkerung nur Mittel für die private Bereicherung ist und wo der Ausschluss von den vorhandenen Reichtümern die Grundlage der marktwirtschaftlichen Geschäftsbeziehung darstellt. Der Ausschluss
der Bevölkerung selbst von notwendigen Lebensmitteln ist für einen gnadenlosen Verfechter der Marktwirtschaft daher gerechtfertigt und erforderlich, um
sie zu zwingen, ihr Glück auf den Märkten zu suchen,
z. B. indem sie das Einzige, worüber sie noch verfügen, ihre Arbeitskraft, anderen zur Verfügung stellen.
Der Vorschlag – selbst die Lebensmittelhilfe zu streichen und zusätzliche Hungertote in Kauf zu nehmen,
damit die mittellose afrikanische Bevölkerung Eigen-
initiative zeigt und ihr Glück weiterhin auf den Märkten sucht – klingt daher nicht nur »auf den ersten Blick
zynisch«, er ist es auch. In seiner parteilichen Kritik an
unliebsamen Konkurrenten – »China plündert die
Rohstoffe Afrikas und überschwemmt die Märkte mit
kurzlebigen Billigwaren.«[104] – ist es Volker Seitz nämlich durchaus bekannt, dass die marktwirtschaftliche
Konkurrenz nicht das Mittel der Mittellosen ist.

---

[104] ebenda S. 179

Die Kommunisten wollen das persönlich erworbene, selbsterarbeitete Eigentum abschaffen; das Eigentum, welches die Grundlage aller persönlichen Freiheit, Tätigkeit und Selbständigkeit bildet.

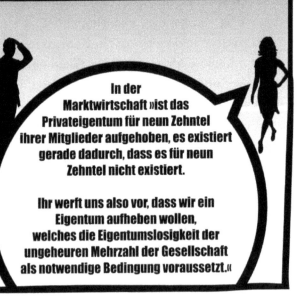

In der Marktwirtschaft »ist das Privateigentum für neun Zehntel ihrer Mitglieder aufgehoben, es existiert gerade dadurch, dass es für neun Zehntel nicht existiert.

Ihr werft uns also vor, dass wir ein Eigentum aufheben wollen, welches die Eigentumslosigkeit der ungeheuren Mehrzahl der Gesellschaft als notwendige Bedingung voraussetzt.«

218

Was haben die Kommunisten falsch gemacht?

»Zur Hebung dieses Übels verbreiten die Sozialisten, indem sie die Besitzlosen gegen die Reichen aufstacheln, die Behauptung, der private Besitz müsse aufhören, um einer Gemeinschaft der Güter Platz zu machen. Ist dieses Programm nicht sehr ungerecht, indem es die rechtmäßigen Besitzer vergewaltigt?«[105]

Die Frage, ob es gerecht oder ungerecht sei, ist für Kommunisten eine langweilige Debatte. Interessanter ist die Frage, ob es im Interesse der Mehrheit der Bevölkerung sein kann, sich für die Vermehrung des Privateigentums an Produktionsmitteln einzusetzen, statt sich für eine auf den Zweck der Versorgung der Bevölkerung bezogene Organisation der Produktion stark zu machen.

Wenn bei der Herstellung von Gebrauchsgegenständen das Geld der Zweck ist, wenn die Vermehrung des Geldes, das Wachstum des Kapitals, das Ziel der Produktion ist, dann verkommen die Gebrauchswerte zusammen mit der arbeitenden Bevölkerung zum Material dieser Sorte von Reichtum. Die »kritischen« Befürworter der Marktwirtschaft nehmen die von ihnen

---

[105] Papst Leo XIII. in der für die christliche Soziallehre epochemachenden Enzyklika Rerum Novarum (1891)

empfundenen »Missstände«, »Ungerechtigkeiten« und »sozialen Härten« zum Anlass, eine stärkere Reglementierung der freien Marktkräfte zu fordern. Die von Karl Marx entwickelte »Kritik der politischen Ökonomie« zielt demgegenüber darauf, die Gegensätze, die aus Ware und Geld, Lohnarbeit und Kapital notwendig entstehen, nicht zu entschärfen, sondern zu beseitigen, indem die Privatmacht des Geldes außer Kraft gesetzt wird, indem die heilige Kuh, das Privateigentum an Produktionsmitteln, geschlachtet wird. Statt auf der Grundlage des Privateigentums an Produktionsmitteln den Zweck der individuellen Bereicherung gelten zu lassen, wird so auf der Grundlage vergesellschafteter Produktionsmitteln die Bedürfnisbefriedigung der Bevölkerung zum Zweck erhoben. An die Stelle der Konkurrenz auf dem Markt tritt ein Wirtschaftssystem, in dem in einer Kooperation unter Gleichen die Produktion durch die Bedürfnisse angetrieben wird, indem Dinge produziert und Dienstleistungen organisiert werden, wenn es Menschen gibt, die sie haben möchten und bereit sind, gemeinsam den dafür nötigen Arbeitsaufwand zu leisten. Die Kontrolle der Produktionsmittel liegt hier in den Händen der Produzenten, nicht in der Hand einzelner Privateigentümer. Die Freiheit und der Erfolg des privaten Kapitals und die entsprechende Unterwerfung der privaten Bedürfnisse unter die »Sachzwänge« des Marktes werden nicht länger als Gebot jeglicher Vernunft behandelt. Der Fetisch ist entzaubert.[106]

Im Anschluss an die russische Revolution von 1917 und mit dem Sieg der Kommunistischen Partei Chinas 1949 haben die realsozialistischen Länder in Anlehnung an die Analyse von Karl Marx die Kritik am Kapitalismus praktisch werden lassen, indem sie das Privateigentum an Produktionsmitteln weitgehend aufgehoben haben. Durch das der arbeitenden Bevölkerung zugestandene »Recht auf Arbeit« sowie die Festsetzung niedriger Preise für das Lebensnotwendige entfiel das Elend, das in der Marktwirtschaft dadurch entsteht, dass auch die elementarsten Lebensmittel Geschäftsmittel sind. Darüber hinaus konnte von einer Annäherung an die beiden großen Ziele der sozialistischen Revolution keine Rede sein. Weder *ökonomisch* im Sinne der Organisation von Produktion und Verteilung nach dem Motto »Jeder nach seinen Fähigkeiten, jedem nach seinen Bedürfnissen«, noch *politisch* im Sinne einer Aufhebung jeglicher Form von Unterdrückung über das »Absterben des Staates« hatte sich die Lage der Bevölkerung grundlegend verändert. Im Gegenteil: Nach siebzig Jahren praktischer und theoreti-

---

106 Vgl. hierzu: Hermann Lueer, Grundprinzipien kommunistischer Produktion und Verteilung, Red & Black Books 2018

scher sozialistischer Ausbildung wollte die Bevölkerung einschließlich der Mitglieder der kommunistischen Partei mehrheitlich zurück zur »Freiheit« kapitalistischer Verhältnisse. Warum? Was wurde falsch gemacht?[107]

Der Ausgangspunkt der praktizierten Kritik der Begründer des realen Sozialismus war nicht die Kritik an Ware und Geld, sondern die von ihnen empfundene Ungerechtigkeit der privaten Bereicherung sowie die »Anarchie des Marktes«, die überwunden werden sollte, indem die bisher unabhängig voneinander produzierenden und gegeneinander konkurrierenden Unternehmen als Teile einer gesellschaftlichen Produktion organisiert werden. Ähnlich wie die Kritiker der Marktwirtschaft, die angesichts der »sozialen Missstände« staatliche Eingriffe fordern, haben auch die ra-

---

[107] Eine ausführliche Kritik der politischen Ökonomie des Realsozialismus findet sich in: Michael Buestrich, Die Verabschiedung eines Systems. Funktionsweise, Krise und Reform der Wirtschaft im Realen Sozialismus am Beispiel der Sowjetunion, Waxmann Verlag 1995 sowie: Hermann Lueer, Das Elend des »Realen Sozialismus« in: Kapitalismuskritik und die Frage nach der Alternative, Edition Octopus 2014
Zu den entsprechenden Entwicklungen in China siehe: Renate Dillmann, China. Ein Lehrstück über einen sozialistischen Gegenentwurf und seine Fehler, VSA Verlag 2009

dikaleren Kritiker den Gegensatz zwischen Warenproduktion und Bedürfnisbefriedigung nicht zur Kenntnis genommen, sondern den Kapitalisten die Vermögen und Produktionsmittel weggenommen, um das
für nützlich und harmlos eingestufte Kaufen und Verkaufen sowie den Umgang mit Preisen und Gewinnen
der staatlichen Verantwortung zu übertragen.

Die Kritik von Marx am Wertgesetz – die individuelle
Arbeit zählt nur im Verhältnis zum gesellschaftlichen
Durchschnitt – haben sie nicht geteilt. Statt auf der
Grundlage vergesellschafteter Produktionsmittel mit
Hilfe der Arbeitszeitrechnung die ökonomische
Grundlage zu schaffen, auf der die Gesellschaftsmitglieder selbst über ihr Verhältnis von Arbeit zu Konsum entscheiden können, wollten die Realsozialisten
das Wertgesetz planmäßig anwenden. Infolgedessen
haben sie die aus der marktwirtschaftlichen Konkurrenz entspringenden Interessensgegensätze ersetzt
durch genauso viele vom Staat auf geherrschte Inte-
ressenskollisionen. Die Produktion und Verteilung des
gesellschaftlichen Reichtums wurde über staatlich festgelegte Preise und Gewinnvorgaben stimuliert und
kontrolliert. Über die Unterordnung des Gebrauchs-
wertes unter den Tauschwert und der Unterwerfung
der mittellosen Bevölkerung unter das Lohnverhältnis
sollten die staatlich erwünschten, und für nützlich und

gerecht angesehenen Produktions- und Verteilungsergebnisse gesteuert werden. Entsprechend kreativ haben die Betriebe des realen Sozialismus angesichts der vorgegebenen abstrakten Gewinnerwartung gewirtschaftet. Die von ihnen geforderte Optimierung der Hauptkennziffern der Planung – Übererfüllung von Menge und Gewinn – wurde konsequenterweise im rücksichtslosen Umgang mit den Produktionsfaktoren Material und Arbeit umgesetzt. Mangelhafte Gebrauchswerte, Umweltverschmutzung und schlechte Arbeitsbedingungen gingen einher mit einer am Gewinn orientierten Übererfüllung der Plankennziffern. Da mit den staatlich festgesetzten Preisen der Verkauf gesichert war, konnte die Produktion unnützer Güter durchaus ein Mittel der Planübererfüllung sein.

Die Folgen des Widerspruches, mit dem Zweck der abstrakten Geldvermehrung zugleich den Zweck einer geregelten Gebrauchsgüterversorgung zu verfolgen, wurden als »Planungsfehler« besprochen. Als Gegenmaßnahme ließen sich die Planungsbehörden diverse Vorschriften bezüglich Menge und Qualität der Produkte einfallen. Die hierüber ständig erzeugten Zielkonflikte zwischen Qualität, Mengen- und Gewinnvorgaben lösten die realsozialistischen Betriebe entsprechend widersprüchlich. Moralische Appelle, sich ungeachtet der Preis- und Gewinnhebel im Namen des Aufbaus vorbildhaft zu verhalten, standen hoch im Kurs. An den Gründen für die »Planungsfehler« änderte die Moral natürlich nichts. Staatliche Sanktionen und Unterdrückung der unzufriedenen Bevölkerung waren daher auch im realen Sozialismus erforderlich. Da Ware, Geld und Lohnarbeit nicht abgeschafft, die Unterwerfung der Menschen unter das Wertgesetz nicht kritisiert, sondern lediglich durch den realsozialistischen Staat geregelt werden sollte, wurde der Erfolg dieser Wirtschaftsform wie in der Marktwirtschaft an der auf Geldvermehrung bezogenen Effizienz gemessen. Der in Konkurrenz zum Kapitalismus ausbleibende Erfolg der realsozialistischen Warenwirtschaft wurde schließlich unter der Führung von Michail Gorbatschow und Deng Xiaoping selbst zum Anlass genommen, die im Realsozialismus praktizierte bewusste »Anwendung des Wertgesetzes« aufzugeben und den Kapitalismus als überlegene Wirtschaftsordnung anzuerkennen.

Das Elend des realen Sozialismus, der Versuch, das Wertgesetz zum Nutzen der Bevölkerung anzuwenden, zeigt, was auch das Elend der Marktwirtschaft täglich vor Augen führt: Eine gesellschaftliche Produktion, die als Warenwirtschaft über den Zweck gesteuert wird, abstrakten, in Geld gemessenen Reichtum zu vermehren, degradiert die Menschen und ihre konkreten Bedürfnisse zum bloßen Mittel dieser Sorte von Reichtumsproduktion.

Zitate in den Abbildungen

S. 5   Jean Ziegler, Die neuen Herrscher dieser Welt und ihre globalen Widersacher, 2002, S. 13f

S. 35   Pierre Proudhon, Was ist das Eigentum? Verlag freie Gesellschaft, S. 1

S. 46   Max Otte, Der Crash kommt, Ullstein 2008, S. 131

S. 64   Leo Tolstoi, Was ist da Geld? In: Der goldene Schnitt. Große Essayisten der Neuen Rundschau 1890-1960, S. Fischer Verlag 1960

S. 102 Karl Marx, Das Kapital, Bd. 1, S. 247

S. 125 Karl Marx, Das Kapital, Bd. 1, S. 339f

S. 171 Saysches Theorem

S. 179 Arne Daniels, Stefan Schmitz, Die Geschichte des Kapitalismus, Stern Buch 2006, S. 6ff

S. 188 Friedrich Nietzsche, Unschuld des Werdens 2, S. 613

S. 203 Michel Chossudovsky, »Globale Armut im späten 20. Jahrhundert«, 20.05.98

S. 215 Barack Obama, Friedensnobelpreisrede 11.12.19

S. 218f Karl Marx / Friedrich Engels, Das Manifest der kommunistischen Partei, MEW 4, S. 475

Literaturverzeichnis

Michael Buestrich
Die Verabschiedung eines Systems. Funktionsweise, Krise und Reform der Wirtschaft im Realen Sozialismus am Beispiel der Sowjetunion, Waxmann Verlag 1995

Renate Dillmann
China. Ein Lehrstück über einen sozialistischen Gegenentwurf und seine Fehler, VSA Verlag 2009

Der soziale Staat. Über nützliche Armut und ihre Verwaltung, VSA Verlag 2018

Michael Heinrich,
Kritik der politischen Ökonomie. Eine Einführung, Schmetterling Verlag, 3. Auflage 2005

Karl Held (Hg.)
Der Bürgerliche Staat, GegenStandpunkt Verlag 2008

Albert Krölls
Das Grundgesetz. Eine Streitschrift gegen den Verfassungspatriotismus, VSA 2009

Robert Kurz

Schwarzbuch des Kapitalismus. Ein Abgesang auf die Marktwirtschaft, Eichborn Verlag 2009

Hermann Lueer

Kapitalismuskritik und die Frage nach der Alternative, Red & Black Books 3. Auflage 2020

Grundprinzipien kommunistischer Produktion und Verteilung, Red & Black Books 2018

Große Depression 2.0 Argumente gegen den Kapitalismus, Red & Black Books 2020

Warum sterben täglich Menschen im Krieg? Argumente gegen die Liebe zur Nation, Red & Black Books, 2. Auflage 2018

Karl Marx

Das Kapital - Kritik der politischen Ökonomie, Bd.1, Dietz Verlag 1971

Dambisa Moyo

Dead Aid, published by Ferrar, Straus and Giroux. First American paperback edition, 2010

Rainer Roth

Sklaverei als Menschenrecht. Über die bürgerlichen Revolutionen in England, den USA und Frankreich, DVS 2015

Jeffrey Sachs

Das Ende der Armut, Siedler Verlag 2005

Volker Seitz

Afrika wird armregiert oder Wie man Afrika wirklich helfen kann, dtv Verlag 2010

Johannes Schillo (Hrsg.)

Zurück zum Original. Zur Aktualität der Marxschen Theorie, VSA 2015

Margaret Wirth, Wolfgang Möhl

Arbeit und Reichtum, GegenStandpunkt Verlag 2014

Jean Ziegler

Das Imperium der Schande, Bertelsmann Verlag 2005

Die neuen Herrscher der Welt, Goldmann Verlag 2005

HERMANN LUEER **GRUNDPRINZIPIEN**
KOMMUNISTISCHER
PRODUKTION UND VERTEILUNG

RED & BLACK BOOKS

Das vorliegende Buch ist eine Hommage an die Kollektivarbeit der Gruppe Internationaler Kommunisten (Holland). Angesichts der sich abzeichnenden Erfahrungen mit dem Staatskommunismus in Russland waren ihre 1930 erschienenen »Grundprinzipien kommunistischer Produktion und Verteilung« der Versuch, die bereits von Karl Marx und Friedrich Engels skizzierte ökonomische Grundlage einer kommunistischen Gesellschaft wissenschaftlich auszuarbeiten. Zwar haben ihre Ausführungen nichts von ihrer ursprünglichen Aktualität verloren, in der wissenschaftlichen Auseinandersetzung mit der damaligen Literatur ist ihr Text jedoch ein Kind seiner Zeit geblieben. Mit der vorliegenden Schrift wird daher versucht, in freier Form die Kernaussagen der »Grundprinzipien kommunistischer Produktion und Verteilung« in die aktuelle Debatte um die Frage nach der Alternative zum Kapitalismus einzubringen.

HERMANN LUEER

KAPITALISMUS-
KRITIK

UND DIE FRAGE NACH
DER ALTERNATIVE

RED & BLACK BOOKS

Die fehlende Klarheit über Gütertausch und Wert
führt regelmäßig zu Versuchen, den Markt zu verbes-
sern, ohne ihn zu überwinden. Die Marktsozialisten
wählen »nicht einen ruhigeren, sicheren, langsameren
Weg zum gleichen Ziel, sondern ein anderes Ziel, näm-
lich statt der Herbeiführung einer neuen Gesellschafts-
ordnung bloß unwesentliche Veränderungen in der al-
ten.« Rosa Luxemburg

Wer sich Armut als Folge von Marktversagen erklärt,
sucht nach Alternativen der Marktregulierung. Wer
sich Armut als notwendige Folge des marktwirtschaftlichen Produktionsverhältnisses erklärt, will den Markt
abschaffen. Jede Alternative zur kapitalistischen Wirklichkeit ist daher nur so gut wie die ihr zugrundelie-
gende Erklärung der kapitalistischen Produktionsverhältnisse, zu denen sie eine Alternative sein soll. In
»Kapitalismuskritik und die Frage nach der Alternative« geht es entsprechend nicht darum, sich unabhängig von den Gründen für die weltweite Verarmung
und Verelendung weiter Teile der Bevölkerung eine
bessere Welt auszumalen, sondern darum, aus der Erklärung des Kapitalismus die Grundprinzipien einer
Ökonomie jenseits vom Kapitalismus abzuleiten. Kritik und Alternative werden so zusammengebracht. Die
Frage der Machbarkeit erledigt sich dabei von selbst.

HERMANN
LUEER

Große Depression 2.0

ARGUMENTE
GEGEN DEN
KAPITALISMUS

RED & BLACK BOOKS

Das Gespenst der Deflation geht um.

Sinkende Preise für Güter und Dienstleistungen bedrohen »unseren« Wohlstand.

Staatliche Rettungsprogramme für faule Kredite sollen eine Kreditklemme verhindern.

Die Verschuldung steigt weltweit auf ein Vielfaches der jährlichen Wirtschaftsleistung.

Zur Stabilisierung des weltweiten Finanzsystems beginnen die USA, Japan und die EU mit dem Aufkauf ihrer eigenen Staatsanleihen.

Negativzinsen sollen die Wirtschaft wieder in Schwung bringen.

»Helicopter Money« – das Drucken und Verteilen von Geld kommt als Lösung ins Gespräch.

Steht das kapitalistische Finanzsystem am Rande des Zusammenbruchs?

Was ist eigentlich eine Weltwirtschaftskrise?

Wieso kann zu viel Reichtum in Form von Überkapazitäten zum Grund für Massenverelendung werden?

Warum beginnt die Gründung einer Nation oft mit einer »ethnischen Säuberung«? Wo fängt übertriebener Nationalismus an und wo hört gesunder Nationalismus auf? Was ist ein Franzose? Was unterscheidet einen Deutschen von einem Russen oder einem Amerikaner? Warum soll das Vaterland leben, auch wenn wir sterben müssen?

Die Auffassung, dass Krieg zur Sicherung von Frieden und Freiheit erforderlich ist, ist weit verbreitet, sonst gäbe es die Unterstützung der Kriegsvorbereitungen in Friedenszeiten nicht. Der Wunsch nach Frieden ist ebenso weit verbreitet. Grund genug, sich um den Inhalt des Friedens zu kümmern, dessen Verteidigung Krieg wert sein soll.

Wer von den Politikern fordert, den Frieden zu sichern, hat nicht verstanden, warum auf allen Seiten immer »zurückgeschossen« wird. Wer angesichts der Kriegsgräuel Frieden fordert, kritisiert den kriegsträchtigen Inhalt des Friedens nicht. Wen die weltweite Kriegsbereitschaft beunruhigt, muss die Interessen der Nationen hinterfragen und verstehen, warum sie nach innen wie nach außen ständig der gewaltsamen Sicherung bedürfen.

Wer gegen die Kriegsbereitschaft mobilisieren will, muss verhindern, dass die Mehrheit der Bevölkerung bereit ist, für ihre Nation das eigene wie das Leben anderer zu opfern. Wer gegen Krieg ist, braucht Argumente gegen die Liebe zur Nation.

CPSIA information can be obtained
at www.ICGtesting.com
Printed in the USA
LVHW051957230623
750628LV00002B/187